D0874317

ÉDITRICE: Caty Bérubé

DIRECTRICE DE PRODUCTION: Julie Doddridge

CHEF D'ÉQUIPE PRODUCTION ÉDITORIALE: Isabelle Roy

CHEF D'ÉQUIPE PRODUCTION GRAPHIQUE: Marie-Christine Langlois

CHEFS CUISINIERS: Richard Houde et Benoît Boudreau.

COORDONNATRICE À L'ÉDITION: Laurence Roy-Tétreault

AUTEURS: Caty Bérubé, Richard Houde, Benoît Boudreau, Miléna Babin, Annie Lavoie et Raphaële St-Laurent Pelletier.

RÉVISEURE: Andrée-Anne Murray

SPÉCIALISTE EN GRAPHISME D'ÉDITION: Lise Lapierre

CONCEPTRICES GRAPHIQUES: Sonia Barbeau, Ariane Michaud-Gagnon, Myriam Poulin, Claudia Renaud et Joëlle Renauld.

SPÉCIALISTE EN TRAITEMENT D'IMAGES ET CALIBRATION PHOTO: Yves Vaillancourt

PHOTOGRAPHES: Sabrina Belzil et Rémy Germain.

STYLISTES CULINAIRES: Laurie Collin et Christine Morin.

COLLABORATEURS: Louise Bouchard, Marilou Cloutier, Martin Houde et Raphaëlle Mercier-Tardif.

DIRECTEUR DE LA DISTRIBUTION: Marcel Bernatchez

DISTRIBUTION: Éditions Pratico-Pratiques et Messageries ADP.

IMPRESSION: TC Interglobe

DÉPÔT LÉGAL: 4e trimestre 2014
Bibliothèque et Archives nationales du Québec
Bibliothèque et Archives Canada
ISBN 978-2-89658-802-2

Gouvernement du Québec – Programme de crédit d'impôt
pour l'édition de livres – Gestion SODEC

1685, boulevard Talbot, Québec (QC)  G2N 0C6
Tél.: 418 877-0259
Sans frais: 1 866 882-0091
Téléc.: 418 780-1716
www.pratico-pratiques.com

Commentaires et suggestions: info@pratico-pratiques.com

# RECEVOIR

*simplement en*

INGRÉDIENTS **5**

**MINUTES 15**

# RECEVOIR
## *simplement en* 5 INGRÉDIENTS 15 MINUTES

# 275
## RECETTES FESTIVES
### en 5 ingrédients, 15 minutes

Pratico pratiques

# Table des matières

# Le plaisir dans la *simplicité*

J'aime recevoir.

Me retrouver à table, chez moi, autour d'un repas festif avec ceux qui me sont chers figure sur la liste de mes plus grands plaisirs. Concocter un menu pour les gâter, les voir heureux et lever un verre à notre santé: que du bonheur!

Je dois toutefois vous avouer que je n'ai pas toujours autant apprécié. Comme tout le monde, j'ai déjà expérimenté les réceptions *fancy*, mettant en vedette un menu on ne peut plus complexe. Résultat: fatigue et stress se sont aussi invités dans ma cuisine!

Heureusement, j'ai compris un jour que c'est dans les choses les plus simples que se trouve le plaisir. C'est bien agréable de recevoir, mais encore faut-il pouvoir en profiter nous aussi!

C'est en repensant à ma propre expérience que j'ai eu l'idée de créer ce livre *5-15*: un recueil de recettes festives et savoureuses qui se préparent en 15 minutes ou moins à partir de 5 ingrédients principaux. Un allié de choix pour passer à travers toutes les fêtes du calendrier sans se décourager! En plus de ses 275 recettes, ce livre vous propose pas moins de 25 astuces pour recevoir sans stress.

Verrines, petites bouchées, soupes, potages, plats de viande, de volaille, de poisson, de fruits de mer et de pâtes: tout y est! Vous y trouverez même des idées pour recevoir en formule brunch ou buffet. Le tout magnifiquement illustré pour vous mettre l'eau à la bouche!

À partir de maintenant, vous pourrez vous aussi faire partie de la fête!

Amusez-vous!

*Caty*

# 25 astuces
## pour cuisiner sans stresser

Quoi de mieux que de se retrouver en famille ou entre amis autour de la table ? Sourires éclairant le visage des convives, étoiles dans les yeux des petits, éclats de rire par-ci par-là... que du bonheur ! Pendant le temps des Fêtes, pour un anniversaire ou simplement par plaisir, partager un repas avec ceux que l'on aime est un cadeau. Mais lorsque c'est vous qui recevez, le stress peut vite prendre le dessus sur toutes ces petites joies. Le mot d'ordre pour que vous profitiez vous aussi du moment ? La planification. Pour offrir un brunch, un cocktail dînatoire, une réception style *potluck* ou un menu cinq services dont vos invités se souviendront, voici 25 astuces futées afin de déjouer l'angoisse et de jouir pleinement d'une réception des plus scintillantes.

# 1 P-L-A-N-I-F-I-C-A-T-I-O-N

La première et la plus importante des étapes: la planification de la réception. Vous savez des semaines d'avance que vous recevrez pour le réveillon du 24? La première chose à faire consiste à établir le menu. Réception raffinée avec service à table, petites bouchées ou buffet? À vous de choisir. Vous pourrez ensuite sélectionner les plats que vous servirez selon des critères bien précis, comme leur temps de préparation ou certaines contraintes alimentaires des invités. Pour déterminer ce qu'il vous reste à faire avant le jour J, dressez des listes: ce que vous pouvez faire des semaines et quelques jours à l'avance, les aliments que vous avez et ceux que vous devez vous procurer, les gens à qui déléguer des tâches, etc. De cette façon, vous vous sentirez totalement préparé!

## 2 Génial, le *potluck*!

Si vous recevez un nombre d'invités assez grand, il peut sembler difficile de nourrir toutes ces bouches et, en plus, de plaire à tous! N'hésitez donc pas à opter pour une réception de style *potluck*. Très tendance depuis quelque temps, cette façon conviviale de recevoir vous permettra de souffler un peu. En demandant à chaque invité d'apporter un plat à partager, vous aurez moins de stress sur les épaules, plus d'argent dans votre portefeuille et plus de temps pour profiter de la fête.

## 3 Dînatoire, vous dites?

Vous souhaitez en mettre plein la vue avec un repas élégant et original dont chaque bouchée charmera vos invités? Le cocktail dînatoire offre de la variété culinaire à l'infini... en format mini. Verrines, cuillères, baluchons et canapés se font tous plus mignons et appétissants les uns que les autres. Classez vos recettes en trois catégories: les préparations pouvant se congeler des semaines à l'avance, celles qui se gardent au frigo quelques jours et les bouchées à assembler le jour même.

## 5 Encas sympas

Peu importe le style de réception que vous organisez, prévoyez de quoi grignoter. Optez pour la simplicité, car vous avez déjà amplement à planifier. Légumes déjà lavés et coupés, trempettes du commerce, noix et croustilles feront amplement l'affaire. Le but est d'éviter que les convives aient trop faim si jamais un imprévu (temps de cuisson prolongé, invité en retard, etc.) se présente. Mieux vaut prévenir!

## 4 Ne pas faire ses courses... à la course!

Dès que le choix de votre menu est arrêté, il est temps de commencer vos emplettes. Faites la liste des ingrédients que vous avez déjà et déterminez la quantité de chaque ingrédient à acheter. Si vous devez vous procurer des ingrédients plus rares, faites une liste et commencez tout de suite votre recherche. Il n'y a rien de pire que de courir pour se procurer un ingrédient introuvable à la dernière minute. Du coup, vous n'aurez pas à amortir subitement une facture salée et vous vous sentirez déjà plus prêt.

13

## 6 Indispensable coin-bar

Pour rester maître de votre cuisine et de l'accès au frigo pendant une réception, pensez à aménager un coin libre-service pour les boissons. Dans une glacière, placez au frais jus, boissons gazeuses et bières. Sur une table, disposez alcools forts et verres pour les *drinks*. Prévoyez des boîtes de jus pour les enfants.

## 7 De l'espace, svp!

Le ménage du frigo et du garde-manger est l'un des meilleurs investissements de temps pour une cuisine fonctionnelle. Valable en tout temps, ce conseil l'est d'autant plus dans le cas d'une réception: faites de la place! Assurez-vous d'avoir de l'espace pour pouvoir tout ranger sans vous casser la tête. Et si l'espace vous manque, par temps froid, le balcon peut s'avérer un allié de taille.

## 8 À chacun son plat

Le choix d'une réception de type *potluck* peut sembler bien simple, mais il demande tout de même un minimum de préparation. Demandez à chaque convive de concocter un mets précis. De cette façon, les plats seront variés et le fourneau ne sera pas constamment utilisé, car vous aurez planifié le menu et le déroulement de la soirée. Réservez également un espace de travail pour certains invités qui doivent compléter la présentation de leur mets et assurez-vous d'avoir suffisamment de plats de service. Avec ces conseils en main, vous verrez que votre *potluck* vous assurera un parfait contrôle de la réception, et ce, sans avoir la broue dans le toupet!

## 9 Présentation soignée

Vous envisagez de recevoir en mode buffet? Pour avoir une présentation du tonnerre et efficace, voici quelques petites astuces simples et économiques. Déposez les ustensiles dans des pots Mason (tellement tendance!) ornés d'un joli ruban. Déposez une serviette de table entre chaque assiette quand vous les empilerez. Décorez la table avec de petites perles ou des boules de Noël (quelques-unes suffiront). Simple et efficace!

## 10 5 à 7 à l'improviste

Envie d'organiser rapido une rencontre de filles? Les amis débarquent sans prévenir? Pas de panique! Voici sept idées d'amuse-gueule prêts en seulement 5 minutes!

**Mini-pizzas**
Garnissez des mini-pitas de brie, puis ajoutez un mélange de noix, de miel et de canneberges séchées. Enfournez 2 minutes à 205 °C (400 °F).

**Croustilles colorées**
Ajoutez un zeste de folie avec des croustilles au maïs bleu ou aux légumes exotiques (betteraves rayées, patates douces, pommes de terre bleues). Au rayon des croustilles ou des aliments naturels.

**Feuilles de vigne farcies**
Consistantes, ces feuilles de vigne au riz ravissent les papilles. Égouttez-les sur du papier absorbant avant de les servir. Au rayon des produits préparés.

**Crudités**
Misez sur les aliments prêts à croquer, tels que les tomates cerises, les pois mange-tout, les mini-carottes, les maïs miniatures et les endives.

**Trempettes divines**
Pas besoin de les préparer. Houmous, tzatziki, baba gannouj, tapenade, guacamole, salsa et autres trempettes rivalisent de saveurs et sont offerts en abondance au supermarché. Au rayon des charcuteries.

**Biscottes et C<sup>ie</sup>**
Préparez un plateau de biscottes accompagnées de fromages (chèvre, fromage à la crème) ou de mousses (saumon, crevettes, foie gras aux truffes) à tartiner à son gré.

**À la française**
Servez deux ou trois variétés de pain baguette (nature, aux noix, ciabatta), trois fromages distincts (pâte molle ou ferme, doux ou fort) et des charcuteries fines (rosette de Lyon, jambon parisien).

# 11 Choisir son menu comme un chef

- Évitez la répétition des aliments. N'allez pas croire que puisque vous avez servi un potage d'asperges, vous devez accompagner votre plat principal d'asperges, bien au contraire. Diversifiez les ingrédients!

- Commencez par une entrée qui plaira à tous. Si vous savez qu'un des convives est allergique aux fruits de mer, n'allez pas servir des pétoncles!

- Ne servez pas un potage au goût trop dominant. Allez-y avec des potages simples, mais colorés, par exemple aux poireaux (vert), aux poivrons grillés (rouge) ou à la courge Butternut (orange).

- Pour le plat principal, on choisit des produits plus nobles, comme le magret de canard ou le filet de bœuf, de préférence en sauce. On accompagne avec des légumes colorés et une céréale ou un féculent: riz, quinoa, pâtes.

- Pour une réception un peu plus *fancy*, servez une assiette de fromages divers avec des pains et des craquelins assortis.

- Et pour finir, optez plutôt pour un dessert classique, comme un gâteau entier, qui est plus simple à servir que plusieurs petits gâteaux.

- N'oubliez pas: préparez tout ce que vous pouvez à l'avance. C'est la clé du succès!

# 12 On mange aussi avec les yeux

Pour que vos mets fassent bonne impression, soignez leur présentation. Aérez les plats de service en y plaçant quelques bouchées à la fois: le coup d'œil n'en sera que plus réussi. Variez les couleurs et mettez votre créativité à profit. Ne lésinez pas sur les accessoires offerts en magasin, tous plus attrayants les uns que les autres: pics et cure-dents de différentes couleurs, cartons à motifs, plateaux de forme originale… En les achetant d'avance et en essayant quelques présentations différentes, vous vous sentirez en mesure de donner ce petit plus à votre réception.

# 13 C'est permis de déléguer!

Un moyen des plus efficaces pour recevoir sans stresser? Savoir que l'on a des gens sur qui compter! Par exemple, votre douce moitié peut accueillir les invités, vos ados peuvent servir les bouchées, votre meilleure amie peut s'occuper de la musique, etc. Bien souvent, il suffit de demander!

# 14 Coupelles express

Les coupelles sont idéales pour être remplies de divers ingrédients savoureux. Voici comment réaliser des coupelles maison vite fait, bien fait.

- À l'aide d'un emporte-pièce, taillez en petits cercles la pâte de votre choix: pâte brisée, phyllo, tortilla, à wontons.

- Pressez chaque cercle dans les alvéoles d'un moule à mini-muffins.

- Faites dorer au four de 3 à 8 minutes à 180°C (350°F), selon le type de pâte.

- Une fois que les coupelles ont tiédi, conservez-les dans un contenant hermétique.

- Garnissez au dernier moment (tartare de saumon, mousse d'avocat et crevettes, fromage de chèvre et bacon).

# 15 S'équiper à moindre coût

Si l'on opte pour recevoir en formule bouchées, il peut vite devenir coûteux de s'équiper en matériel de service. Comme on ne veut pas passer la soirée à laver de la vaisselle, on doit posséder verrines et cuillères en quantité suffisante. Bonne nouvelle: les allées des magasins « à un dollar » regorgent de ces petits trésors. Les versions jetables, comme les verres à *shooter* et verrines en plastique, sont aussi une excellente option.

## 16 Petites bouchées en toute simplicité

L'important est de rester simple. Vous trouvez peut-être que des classiques, tels que les petites saucisses enrobées de bacon, ne sont pas très originaux? Eh bien, c'est souvent ce qui part en premier! Des crudités, différents pains et fromages accompagnés de quelques bouchées chaudes que vous aurez sélectionnées pour la facilité et la rapidité de leur exécution combleront vos invités... tout en vous permettant de recevoir sans anxiété. Encore une fois, la simplicité a bien meilleur goût!

## 17 Réussir sa réception

- **Connaissez vos invités** en vous informant de leurs intolérances, préférences et diètes (végétarienne, sans gluten, etc.).

- **Faites l'inventaire** de ce qui se trouve dans vos armoires pour vous assurer d'avoir plateaux de service et bols à trempette en quantité suffisante... et pour ne pas acheter en double!

- **Prévoyez les consommations d'alcool** à raison de quatre par personne. Remplissez également un pichet d'eau pour garder vos invités bien désaltérés.

- **Couchez votre menu** sur papier pour ne pas oublier de service. Vous pouvez également en laisser quelques exemplaires ici et là pour piquer la curiosité de vos invités. Vous pouvez aussi écrire le menu sur une ardoise bien en vue ou sur un carton à même l'assiette.

- **Faites d'avance** tout ce qui peut être fait. Par exemple, cuisinez la veille des préparations que vous mettrez dans des sacs hermétiques en inscrivant sur chaque emballage ce qu'il restera à faire au moment de servir.

## 18 Soupe sauve-la-vie

Pour une entrée aussi exquise que simplissime, cuisinez une grande quantité de soupe destinée à la congélation. Ainsi, vous vous sentirez prêt à toute éventualité, sachant que vous avez des munitions dans le cas d'un souper improvisé. Et au lendemain d'une réception, quand la faim et l'envie de cuisiner font faux bond, les soupes et potages congelés sont de véritables sauveurs! Psst! La plupart des potages sont même plus savoureux réchauffés!

## 19 Polyvalents pâtés

On les aime pour leur pâte bien dorée et leur garniture riche. Les pâtés sont des alliés considérables pour un repas vite fait, bien fait. Pratiques, ils se congèlent avec la pâte crue à même l'assiette. Les invités ont faim? On enfourne un pâté congelé à 205 °C (400 °F) et 50 minutes plus tard (le temps de déguster l'entrée), un bon pâté chaud embaume la maison. En plus, les pâtés à la viande peuvent être servis au brunch!

## 20 Meilleur préparé à l'avance

Saviez-vous que certains aliments sont plus savoureux s'ils sont cuisinés à l'avance? Quand on reçoit, on veut les connaître! Le punch, par exemple, est meilleur mélangé la veille, en plus d'être prêt à servir quand les invités arrivent. Les viandes qui marinent au moins 12 heures ont également plus de saveurs que celles qui ont à peine macéré. Enfin, certains desserts, notamment les mousses et les gâteaux au fromage, gagnent en texture et en parfums le lendemain de leur préparation.

## 21 1, 2, 3, mesurez!

Votre recette nécessite d'être faite le jour même? Soit. Mais les ingrédients secs, eux, peuvent très bien être préparés avant. Vous pouvez mesurer la quantité nécessaire d'épices, de sucre, de riz ou de farine, par exemple, puis la déposer dans un contenant ou dans un sac hermétique. Le jour même, il ne restera qu'à verser le contenu du récipient dans votre mélange. Ainsi, vous n'aurez pas à vous soucier de laver vos instruments entre chaque mesure, ni de chercher les ingrédients. Le plus gros sera fait!

## 22 Démystifier la dinde

Vedette de l'Action de grâces, de Noël et du jour de l'An, la dinde est un choix judicieux pour recevoir sans stress pour n'importe quelle occasion. Mais comment bien la choisir et l'apprêter?

- On compte environ 150 g (environ ⅓ de lb) de viande par personne. Une dinde de 7,5 kg (16 ½ lb) est donc amplement suffisante pour recevoir dix invités.

- Souvent vendue surgelée, la dinde peut être décongelée dans son emballage au réfrigérateur, en calculant 5 heures par 450 g (1 lb). Façon express?

On l'immerge dans l'eau (que l'on garde toujours bien froide) en comptant 1 heure par 450 g (1 lb).

- Environ 30 minutes avant la fin prévue de la cuisson, on insère un thermomètre à viande dans la cuisse, sans toucher l'os. L'indicateur doit afficher 85°C (185°F) pour une dinde cuite à point.

## 23 Café libre-service

À chacun son café: au lait, avec un sucre, noir... Pour se faciliter la vie, on dépose sur une table la cafetière pleine, des tasses et tout le nécessaire pour préparer un café à son goût. Les thés et les tisanes sont de plus en plus prisés: on remplit la bouilloire et l'on met à la disposition des convives une variété d'infusions. Et voilà une tâche de moins!

## 24 Canapés 101

Les craquelins, c'est bien, mais la diversité, c'est mieux! Voici cinq idées de base pour des canapés qui épateront les invités.

**Coupelles de tortillas**
Rien de plus simple! On les garnit à la dernière minute de mousse de saumon, de tartare ou de salsa.

**Mini-crêpes**
Vous trouverez des blinis déjà prêts à votre supermarché. Si vous les faites vous-même, pour de meilleurs résultats, utilisez une pâte plus épaisse, comme une pâte à pancakes ou à blinis. Faites cuire de petits ronds d'environ 1 cm (½ po) dans un peu d'huile.

**Mini-pitas**
Pour des canapés rapido servis chauds, utilisez les mini-pitas à la manière d'une pizza ou garnissez-les d'un mélange de votre choix: bruschetta, poire et chèvre, figue et parmesan. Laissez libre cours à votre imagination!

**Polenta**
Tranchez un rouleau de polenta (de type Aurora). Faites dorer les rondelles dans un peu d'huile. Assaisonnez, puis coupez chaque tranche en deux avant de garnir d'un morceau de jambon et d'un petit cornichon.

## 25

### Des cocktails vite servis

Simples, délicieux et toujours appréciés, le punch et la sangria sont une option gagnante pour une grande réception. Préparez-les la journée avant la réception et réservez au frais. Ils auront le temps de s'imbiber de toutes les saveurs et seront encore meilleurs. Préparez plusieurs versions: au vin rouge, au vin blanc et une non alcoolisée pour les enfants et les femmes enceintes.

# Bouchées et verrines

Tout le monde aime les apéros conviviaux agrémentés de mises en bouche pour patienter avant le grand repas. En verrines, sur crostinis, en cuillères… voilà autant d'idées pour réinventer le contenu du plateau. Vos invités n'en feront qu'une seule bouchée !

**2 avocats** ①

**Crème sure** ②
30 ml (2 c. à soupe)

**Lime** ③
15 ml (1 c. à soupe)
de jus

**Ciboulette** ④
hachée
15 ml (1 c. à soupe)

**Truite fumée** ⑤
1 paquet de 140 g

# Verrines à la mousse d'avocat, lime et truite fumée

Préparation : **15 minutes** • Quantité : **12 verrines**

## Préparation

Dans le contenant du robot culinaire, déposer la chair des avocats, la crème sure, le jus de lime et la ciboulette. Mélanger jusqu'à l'obtention d'une consistance lisse et onctueuse.

Répartir la préparation dans 12 verrines d'une capacité d'au moins 125 ml (½ tasse).

Couper les tranches de truite fumée en 12 morceaux de la taille d'une verrine. Répartir dans les verrines.

Si désiré, garnir d'œufs de poisson et de pousses.

\* Ces verrines peuvent être entièrement préparées de 2 à 3 heures à l'avance. Couvrir d'une pellicule plastique et réserver au frais.

| PAR PORTION | |
|---|---|
| Calories | 80 |
| Protéines | 4 g |
| Matières grasses | 6 g |
| Glucides | 3 g |
| Fibres | 2 g |
| Fer | 0,2 mg |
| Calcium | 8 mg |
| Sodium | 96 mg |

## Pour varier

### Verrines au saumon fumé et crème citron-pavot

Mélanger 180 ml (¾ de tasse) de crème sure avec 30 ml (2 c. à soupe) d'aneth haché, 10 ml (2 c. à thé) de zestes de citron et 5 ml (1 c. à thé) de graines de pavot. Saler et poivrer. Répartir la préparation dans 12 verrines. Déposer 1 tranche de saumon fumé sur chacune des verrines. Décorer de jeunes pousses au choix et de caramel de vinaigre balsamique si désiré (voir recette en page 58).

**FACULTATIF :**
➤ **Œufs de saumon**
80 ml (⅓ de tasse)

➤ **Pousses** au choix
(pois mange-tout,
tournesol, brocoli...)

**12 tomates cerises** ❶

**1 avocat** ❷

**Fromage à la crème** ❸
80 ml (⅓ de tasse)

**Coriandre** ❹
hachée
30 ml (2 c. à soupe)

**Lime** ❺
15 ml (1 c. à soupe)
de zestes +
15 ml (1 c. à soupe)
de jus

### Duo de tomates

# Bouchées de tomates à la crème d'avocat

Préparation : **15 minutes** • Quantité : **12 bouchées**

## Préparation

Couper le tiers supérieur des tomates cerises.

À l'aide d'une cuillère parisienne, retirer la chair des tomates. Réserver les tomates dans un plateau.

À l'aide du robot culinaire, réduire en purée la chair de l'avocat avec le fromage à la crème, la coriandre, les zestes et le jus de lime. Saler et poivrer.

À l'aide d'une poche à pâtisserie munie d'une douille cannelée ou à l'aide d'une cuillère, farcir les tomates avec la crème d'avocat.

| PAR PORTION (1 tomate) | |
|---|---|
| Calories | 53 |
| Protéines | 1 g |
| Matières grasses | 5 g |
| Glucides | 3 g |
| Fibres | 1 g |
| Fer | 0,2 mg |
| Calcium | 11 mg |
| Sodium | 23 mg |

## Les inséparables

### Tomates cerises à la mousse de chèvre

Couper le tiers supérieur de 12 tomates cerises jaunes. À l'aide d'une cuillère parisienne, retirer la chair des tomates. Réserver les tomates dans un plateau. Dans un bol, fouetter 125 g de fromage à la crème ramolli avec 100 g de fromage de chèvre crémeux. Saler. À l'aide d'une poche à pâtisserie munie d'une douille cannelée ou à l'aide d'une cuillère, farcir les tomates avec la mousse de chèvre. Si désiré, décorer d'une feuille de basilic.

**Bacon** ❶
précuit
11 tranches

**Saucisses cocktail** ❷
1 paquet de 225 g
(22 saucisses)

**Sirop d'érable** ❸
125 ml (½ tasse)

**Sauce soya** ❹
30 ml (2 c. à soupe)

**Ail** ❺
haché
10 ml (2 c. à thé)

# Saucisses cocktail à l'érable et bacon

Préparation : **15 minutes** • Cuisson : **10 minutes** • Quantité : **22 saucisses**

## Préparation

Couper les tranches de bacon en deux. Enrouler une demi-tranche de bacon autour de chacune des saucisses. Fixer avec un cure-dent.

Dans une grande poêle, porter à ébullition le sirop d'érable avec la sauce soya et l'ail.

Ajouter les saucisses enrobées de bacon et remuer pour les napper de sauce. Laisser mijoter 10 minutes à feu doux, jusqu'à ce que le bacon soit caramélisé.

| PAR PORTION | |
|---|---|
| (1 saucisse) | |
| Calories | 95 |
| Protéines | 3 g |
| Matières grasses | 7 g |
| Glucides | 6 g |
| Fibres | 0 g |
| Fer | 0,2 mg |
| Calcium | 10 mg |
| Sodium | 276 mg |

## Pour varier

### Saucisses en pâte feuilletée

Dans une casserole, déposer 8 saucisses de veau. Couvrir d'eau froide. Porter à ébullition, puis blanchir de 2 à 3 minutes. Égoutter et laisser tiédir. Couper chacune des saucisses en deux. Couper en deux les triangles de 1 paquet de pâte à croissants (de type Pillsbury) de 235 g. Déposer une demi-saucisse sur le coin de chaque triangle et rouler de manière à former un petit croissant. Déposer les petits croissants sur une plaque de cuisson tapissée d'une feuille de papier parchemin. Cuire au four de 10 à 15 minutes à 190°C (375°F).

### Duo de canapés terre et mer

# Canapés « mer »

Préparation : **10 minutes** • Quantité : **6 canapés**

## Préparation

Déposer une tranche de saumon fumé sur chacun des craquelins.

Mélanger le fromage avec la crème sure, puis répartir sur le saumon.

Garnir d'un câpron et, si désiré, parsemer de ciboulette.

| PAR PORTION | |
|---|---|
| (1 canapé) | |
| Calories | 89 |
| Protéines | 5 g |
| Matières grasses | 4 g |
| Glucides | 8 g |
| Fibres | 1 g |
| Fer | 0,3 mg |
| Calcium | 13 mg |
| Sodium | 128 mg |

**Saumon fumé** ❶
6 tranches

**6 craquelins** ❷
ou croûtons
au choix

**Fromage crémeux** ❸
de type Boursin ail
et fines herbes
½ contenant de 150 g

**Crème sure** ❹
30 ml (2 c. à soupe)

**6 câprons** ❺

## Les inséparables

### Canapés « terre »

Tartiner 6 craquelins avec le contenu de ½ contenant de fromage crémeux (de type Boursin ail et fines herbes) de 150 g. Rouler 6 tranches de prosciutto coupées en deux sur la longueur et les déposer sur les craquelins tartinés. Garnir chacun des canapés de 1 mini-cornichon.

**FACULTATIF :**
➤ **Ciboulette** hachée
15 ml (1 c. à soupe)

½ poivron rouge ❶
coupé en dés

Bruschetta ❷
250 ml (1 tasse)

Olives noires ❸
coupées en dés
60 ml (¼ de tasse)

Feta ❹
émiettée
½ contenant de 200 g

12 mini-pitas ❺

PRÉVOIR AUSSI :
➤ **Huile d'olive**
30 ml (2 c. à soupe)

# Mini-pitas à la grecque

Préparation : **10 minutes** • Réfrigération : **2 heures** • Quantité : **12 mini-pitas**

## Préparation

Dans un bol, mélanger le poivron avec la bruschetta, les olives, la feta et, si désiré, le concombre et la menthe.

Déposer les mini-pitas sur une plaque de cuisson, puis badigeonner d'huile d'olive. Faire dorer au four de 1 à 2 minutes de chaque côté à la position « gril » (broil). Retirer du four et laisser tiédir.

Au moment de servir, répartir la préparation à la bruschetta sur les mini-pitas grillés ou servir séparément pour que les convives garnissent les mini-pitas à leur guise.

| PAR PORTION | |
|---|---|
| (1 canapé) | |
| Calories | 101 |
| Protéines | 3 g |
| Matières grasses | 7 g |
| Glucides | 7 g |
| Fibres | 0,4 g |
| Fer | 1 mg |
| Calcium | 49 mg |
| Sodium | 314 mg |

## Version maison

### Bruschetta

Dans un bol, mélanger 1 tomate italienne coupée en dés avec ½ oignon coupé en dés, 30 ml (2 c. à soupe) de persil haché et 30 ml (2 c. à soupe) d'huile d'olive.

FACULTATIF :
➤ ¼ de **concombre**
coupé en dés

➤ **Menthe** hachée
30 ml (2 c. à soupe)

# Pétoncles fondants sur chorizo

Préparation : **10 minutes** • Quantité : **12 bouchées**

**Chorizo**
12 tranches minces **1**

**Crème sure**
60 ml (¼ de tasse) **2**

**Miel**
15 ml (1 c. à soupe) **3**

**Beurre**
15 ml (1 c. à soupe) **4**

**12 gros pétoncles**
(calibre 15/25) **5**

## Préparation

Déposer les tranches de chorizo dans une assiette, sans les superposer. Couvrir d'une feuille de papier absorbant. Chauffer au micro-ondes de 1 à 2 minutes à haute intensité, jusqu'à ce que le chorizo soit croustillant. Déposer les tranches sur du papier absorbant pour retirer le surplus de gras.

Dans un bol, mélanger la crème sure avec le miel. Saler.

Dans une poêle, faire fondre le beurre à feu moyen. Saisir les pétoncles 1 minute de chaque côté.

Déposer 1 pétoncle sur chacune des tranches de chorizo. Garnir d'une petite cuillérée du mélange de crème sure et miel. Poivrer. Décorer d'une tige de fine herbe.

## Pour varier

### Pétoncles au canard séché et érable

Mélanger 15 ml (1 c. à soupe) de moutarde de Dijon avec 30 ml (2 c. à soupe) de sirop d'érable. Déposer 12 tranches de canard fumé sur le plan de travail. Enrouler 1 pétoncle moyen (calibre 20/30) dans chacune des tranches et fixer avec une brochette. Dans une poêle, faire fondre 15 ml (1 c. à soupe) de beurre à feu moyen. Faire dorer les pétoncles 1 minute de chaque côté. Napper les pétoncles de sauce moutarde-érable. Piquer 1 feuille de basilic pliée en deux sur chacune des bouchées. Servir immédiatement.

| PAR PORTION | |
|---|---|
| (1 pétoncle) | |
| Calories | 51 |
| Protéines | 4 g |
| Matières grasses | 3 g |
| Glucides | 2 g |
| Fibres | 0,2 g |
| Fer | 0,1 mg |
| Calcium | 9 mg |
| Sodium | 110 mg |

FACULTATIF :
➤ **Fines herbes**
au choix pour décorer (aneth, ciboulette...)

**12 asperges** 1

**Parmesan** 2
râpé
80 ml (⅓ de tasse)

**Ciboulette** 3
hachée
15 ml (1 c. à soupe)

**Piment d'Espelette** 4
2,5 ml (½ c. à thé)

**Prosciuttini** 5
12 tranches

# Rouleaux d'asperges et prosciuttini

Préparation : **15 minutes** • Quantité : **12 rouleaux**

## Préparation

Couper les asperges en deux morceaux. Dans une casserole d'eau bouillante, blanchir les asperges de 2 à 3 minutes selon leur grosseur. Égoutter et rincer sous l'eau froide. Égoutter de nouveau, puis assécher les asperges à l'aide d'un linge.

Trancher chaque morceau d'asperge en deux sur la longueur.

Dans un bol, mélanger le parmesan avec la ciboulette et le piment d'Espelette.

Sur le plan de travail, déposer les tranches de prosciuttini. Sur chaque tranche, déposer quatre morceaux d'asperges et parsemer de parmesan. Enrouler la tranche de prosciuttini autour des asperges. Fixer avec un pic décoratif. Poivrer.

| PAR PORTION | |
|---|---|
| Calories | 48 |
| Protéines | 5 g |
| Matières grasses | 3 g |
| Glucides | 1 g |
| Fibres | 0,3 g |
| Fer | 0,5 mg |
| Calcium | 37 mg |
| Sodium | 394 mg |

## Idée pour accompagner

### Aïoli au citron

Dans un bol, mélanger 125 ml (½ tasse) de mayonnaise avec 15 ml (1 c. à soupe) de zestes de citron, 15 ml (1 c. à soupe) de ciboulette hachée et 10 ml (2 c. à thé) d'ail haché. Saler et poivrer.

**6 petites pommes de terre à chair jaune**
coupées en deux
**①**

**Sauce marinara**
125 ml (½ tasse)
**②**

**½ oignon**
haché
**③**

**Chorizo**
coupé en dés
250 ml (1 tasse)
**④**

**Mozzarella**
râpée
250 ml (1 tasse)
**⑤**

# Pelures de pommes de terre façon pizza

Préparation : **15 minutes** • Cuisson : **30 minutes** • Quantité : **12 pelures**

## Préparation

Préchauffer le four à 205 °C (400 °F).

À l'aide d'une cuillère parisienne, retirer une petite quantité de chair dans chaque moitié de pomme de terre.

Couper légèrement la base des pommes de terre afin qu'elles puissent demeurer bien à plat. Badigeonner d'huile le dessus et le dessous des pommes de terre. Déposer sur une plaque de cuisson tapissée d'une feuille de papier parchemin, partie évidée sur le dessus. Saler et poivrer.

Cuire au four de 25 à 30 minutes, en prenant soin de garder les pommes de terre légèrement croquantes.

À la sortie du four, garnir les pelures de sauce marinara, d'oignon, de chorizo et de mozzarella. Remettre au four et poursuivre la cuisson de 5 à 6 minutes. Si désiré, parsemer de basilic.

| PAR PORTION | |
|---|---|
| (1 pelure) | |
| Calories | 185 |
| Protéines | 7 g |
| Matières grasses | 10 g |
| Glucides | 18 g |
| Fibres | 1 g |
| Fer | 1 mg |
| Calcium | 72 mg |
| Sodium | 243 mg |

## Pour varier

### Pommes de terre farcies

Couper 4 grosses pommes de terre en deux. À l'aide d'une cuillère parisienne, évider le centre des pommes de terre en réservant un pourtour de 0,5 cm (¼ de po). Déposer les pommes de terre dans une casserole. Couvrir d'eau froide et saler. Porter à ébullition et cuire 3 minutes à feu moyen. Égoutter. Mélanger le contenu de 1 contenant de fromage à la crème aux tomates confites et basilic de 250 g avec 8 tranches de bacon cuites et hachées, 125 ml (½ tasse) de cheddar râpé et 1 oignon vert émincé. Saler et poivrer. Garnir les pommes de terre de farce. Déposer dans un plat allant au four, puis cuire au four de 15 à 18 minutes à 205 °C (400 °F).

**PRÉVOIR AUSSI :**
➤ **Huile d'olive**
30 ml (2 c. à soupe)

**FACULTATIF :**
➤ **Basilic** émincé
30 ml (2 c. à soupe)

**Baguette de pain** ❶
12 tranches

**Miel** ❷
30 ml (2 c. à soupe)

**Amandes au tamari** ❸
hachées
60 ml (¼ de tasse)

**2 poires** ❹
coupées en fines
tranches

**Gorgonzola** ❺
150 g

# Crostinis aux poires, gorgonzola et amandes au tamari

Préparation : **15 minutes** • Cuisson : **8 minutes** • Quantité : **12 portions**

## Préparation

Préchauffer le four à 205 °C (400 °F).

Dans un bol, mélanger le beurre avec l'ail et, si désiré, le persil. Badigeonner les deux côtés des tranches de pain avec le mélange. Déposer sur une plaque de cuisson tapissée d'une feuille de papier parchemin. Faire dorer au four de 5 à 6 minutes.

Dans un bol, mélanger le miel avec les amandes et, si désiré, le thym.

Répartir les tranches de poires, le gorgonzola et le mélange d'amandes sur les croûtons. Remettre au four de 3 à 4 minutes.

Servir immédiatement.

| PAR PORTION | |
|---|---|
| (1 crostini) | |
| Calories | 140 |
| Protéines | 4 g |
| Matières grasses | 9 g |
| Glucides | 11 g |
| Fibres | 1 g |
| Fer | 0,3 mg |
| Calcium | 82 mg |
| Sodium | 242 mg |

## Pour varier

### Crostinis au fromage de chèvre, raisins et pacanes grillées

Déposer 12 tranches de pain baguette sur une plaque de cuisson et badigeonner les deux côtés de 15 ml (1 c. à soupe) d'huile d'olive. Faire dorer au four de 1 à 2 minutes de chaque côté à la position « gril » (*broil*). Retirer du four et laisser tiédir. Mélanger 100 g de fromage de chèvre avec 15 ml (1 c. à soupe) de ciboulette hachée et 15 ml (1 c. à soupe) d'aneth haché. Saler et poivrer. Tartiner les croûtons avec la préparation au fromage. Garnir les croûtons de 6 raisins verts et rouges coupés en deux et de 60 ml (¼ de tasse) de pacanes grillées coupées en morceaux.

**PRÉVOIR AUSSI :**
➤ **Beurre** ramolli
60 ml (¼ de tasse)
➤ **Ail** haché
5 ml (1 c. à thé)

**FACULTATIF :**
➤ **Persil** haché
15 ml (1 c. à soupe)
➤ **Thym** haché
5 ml (1 c. à thé)

# Crevettes margarita

Préparation : **15 minutes** • Marinage : **30 minutes** • Quantité : **12 verrines**

## Préparation

Dans une poêle, porter à ébullition le jus d'orange avec les crevettes à feu moyen, puis laisser frémir de 2 à 3 minutes. Retirer du feu. Laisser tiédir de 5 à 10 minutes.

Dans un bol en verre, mélanger la tequila avec le jus et les zestes de lime, l'oignon rouge, l'huile d'olive et, si désiré, le persil. Ajouter les crevettes et le jus d'orange. Saler, poivrer et remuer. Laisser mariner 30 minutes au frais.

Si désiré, humecter le pourtour des verres avec le quartier de lime. Verser 30 ml (2 c. à soupe) de sel dans une assiette et y tremper le rebord des verres.

Répartir les crevettes dans 12 coupes à margarita, puis répartir la marinade dans les coupes. Décorer de 1 quartier de lime.

\* Ces verrines peuvent être entièrement préparées de 2 à 3 heures à l'avance. Réserver au frais.

| PAR PORTION | |
|---|---|
| Calories | 72 |
| Protéines | 6 g |
| Matières grasses | 3 g |
| Glucides | 2 g |
| Fibres | 0,4 g |
| Fer | 1 mg |
| Calcium | 21 mg |
| Sodium | 44 mg |

## Pour varier

### Verrines de crevettes et trempette au piment d'Espelette

Mélanger 375 ml (1 ½ tasse) de yogourt grec nature avec 2,5 ml (½ c. à thé) de piment d'Espelette, 30 ml (2 c. à soupe) d'aneth haché et 15 ml (1 c. à soupe) de miel. Saler. Répartir dans huit verrines. Dans un bol, mélanger 16 grosses crevettes (calibre 21/25) crues et décortiquées avec 15 ml (1 c. à soupe) de zestes de lime, 15 ml (1 c. à soupe) de jus de lime, 30 ml (2 c. à soupe) d'huile d'olive, 30 ml (2 c. à soupe) de persil haché et 5 ml (1 c. à thé) d'ail haché. Saler et poivrer. Piquer 2 crevettes par brochette. Dans une poêle, chauffer 15 ml (1 c. à soupe) d'huile d'olive à feu moyen. Cuire les brochettes de 1 à 2 minutes de chaque côté. Déposer une brochette dans chaque verrine. Si désiré, répartir 125 ml (½ tasse) de roquette dans les verrines.

**Jus d'orange** ❶
80 ml (⅓ de tasse)

**Crevettes moyennes** ❷
(calibre 31/40)
crues et décortiquées
1 sac de 350 g

**Tequila** ❸
80 ml (⅓ de tasse)

**3 limes** ❹
30 ml (2 c. à soupe)
de jus + 5 ml (1 c. à thé)
de zestes + 12 quartiers

**½ oignon rouge** ❺
haché

**FACULTATIF :**
➤ **Persil** haché
30 ml (2 c. à soupe)

**PRÉVOIR AUSSI :**
➤ **Huile d'olive**
30 ml (2 c. à soupe)

➤ **Lime**
1 quartier

**3 figues** ①

**Miel** ②
15 ml (1 c. à soupe)

**Vinaigre de cidre** ③
5 ml (1 c. à thé)

**12 craquelins** ④
au choix

**Pecorino** ⑤
12 tranches fines

# Canapés aux figues et pecorino

Préparation : **5 minutes** • Quantité : **12 canapés**

## Préparation

Couper les figues en quartiers.

Dans un bol, mélanger le miel avec le vinaigre de cidre.

Sur chaque craquelin, déposer une tranche de pecorino et un quartier de figue, puis napper du mélange au miel. Servir aussitôt.

| PAR PORTION | |
|---|---|
| (1 canapé) | |
| Calories | 55 |
| Protéines | 2 g |
| Matières grasses | 2 g |
| Glucides | 7 g |
| Fibres | 1 g |
| Fer | 0 mg |
| Calcium | 67 mg |
| Sodium | 102 mg |

## Pour varier

### Figues au prosciutto

Couper 3 figues en quatre. Couper 4 tranches de prosciutto en trois sur la longueur. Sur chaque tranche de prosciutto, placer une feuille de roquette et un quartier de figue. Enrouler le prosciutto autour de la figue. Disposer les bouchées dans un plateau de service. Dans un bol, mélanger 60 ml (¼ de tasse) d'huile d'olive avec 15 ml (1 c. à soupe) de vinaigre balsamique et 15 ml (1 c. à soupe) de ciboulette hachée. Saler et poivrer. Napper les bouchées de vinaigrette.

Recette de Ève Godin, nutritionniste

**12 tortellinis** ❶

**Poivrons grillés** ❷
1 pot de 198 ml

**Huile d'olive** ❸
ou huile de conserva-
tion des poivrons
60 ml (¼ de tasse)

**Fromage fontina** ❹
râpé finement
80 ml (⅓ de tasse)

**Ciboulette** ❺
quelques brins

# Cuillères de tortellinis sur coulis de poivrons grillés

Préparation : **10 minutes** • Cuisson : **10 minutes** • Quantité : **12 cuillères**

## Préparation

Dans une casserole d'eau bouillante salée, cuire les pâtes *al dente*. Égoutter.

Pendant ce temps, égoutter les poivrons et déposer dans le contenant du mélangeur avec l'huile d'olive. Émulsionner de 1 à 2 minutes à haute vitesse.

Répartir le coulis de poivrons dans 12 cuillères, puis y déposer un tortellini.

Garnir de fromage fontina râpé. Décorer de ciboulette. Ces bouchées peuvent être servies chaudes ou froides.

| PAR PORTION | |
|---|---|
| Calories | 84 |
| Protéines | 2 g |
| Matières grasses | 7 g |
| Glucides | 4 g |
| Fibres | 0,1 g |
| Fer | 0,1 mg |
| Calcium | 27 mg |
| Sodium | 108 mg |

## Pour varier

### Coulis de roquette

Dans une casserole d'eau bouillante salée, blanchir 500 ml (2 tasses) de roquette avec 125 ml (½ tasse) de basilic de 1 à 2 minutes. Refroidir sous l'eau très froide. Égoutter. Déposer dans le contenant du mélangeur avec 125 ml (½ tasse) de crème champêtre 35 %. Saler et poivrer. Émulsionner de 1 à 2 minutes. Le coulis peut être servi chaud ou froid.

**Prosciutto** ①
10 tranches

**20 grosses crevettes**
**(calibre 16/20)** ②
crues et décortiquées
avec la queue

**Huile d'olive** ③
15 ml (1 c. à soupe)

**Miel** ④
30 ml (2 c. à soupe)

**Piment de Cayenne** ⑤
au goût

# Crevettes et prosciutto au miel

Préparation : **10 minutes** • Cuisson : **5 minutes** • Quantité : **20 crevettes**

## Préparation

Couper les tranches de prosciutto en deux sur la longueur. Enrouler une demi-tranche de prosciutto autour de chaque crevette en laissant la queue dégagée. Piquer les crevettes sur des brochettes.

Dans une poêle, chauffer l'huile à feu moyen-vif. Faire dorer les crevettes 2 minutes de chaque côté.

Verser le miel. Cuire en remuant pour enrober les crevettes, jusqu'à ce qu'elles commencent à caraméliser légèrement.

Saupoudrer très légèrement de piment de Cayenne.

| PAR PORTION | |
| --- | --- |
| (1 crevette) | |
| Calories | 31 |
| Protéines | 3 g |
| Matières grasses | 1 g |
| Glucides | 2 g |
| Fibres | 0 g |
| Fer | 0,2 mg |
| Calcium | 5 mg |
| Sodium | 127 mg |

## Idée pour accompagner

### Crème sure au paprika fumé et câpres

Mélanger 125 ml (½ tasse) de crème sure avec 5 ml (1 c. à thé) de paprika fumé, 30 ml (2 c. à soupe) de persil haché, 15 ml (1 c. à soupe) de câpres hachées et 15 ml (1 c. à soupe) d'échalotes sèches hachées. Saler et poivrer.

Recette de Ève Godin, nutritionniste

**Pâte feuilletée** ➊
½ paquet de 400 g

**Bébés épinards** ➋
500 ml (2 tasses)

**Mousse de foie
de volaille** ➌
coupée en 12 morceaux
150 g

**Confit de carottes** ➍
60 ml (¼ de tasse)

**Coulis de vinaigre
balsamique** ➎
60 ml (¼ de tasse)

**PRÉVOIR AUSSI :**
➤ **Œuf**
1 jaune battu avec
un peu d'eau
➤ **Beurre**
15 ml (1 c. à soupe)

# Feuilletés aux épinards et mousse de foie

Préparation : **15 minutes** • Cuisson : **15 minutes** • Quantité : **de 4 à 6 portions**

## Préparation

Préchauffer le four à 190 °C (375 °F).

Sur une surface farinée, abaisser la pâte feuilletée en un rectangle de 38 cm x 15 cm (15 po x 6 po). Tailler en 12 carrés ou ronds égaux de 6 cm (2 ½ po).

Déposer sur une plaque de cuisson tapissée d'une feuille de papier parchemin et badigeonner de jaune d'œuf.

Cuire au four de 15 à 20 minutes.

Pendant ce temps, faire fondre le beurre à feu moyen dans une poêle. Si désiré, saisir les noix de pin 1 minute.

Ajouter les épinards. Cuire 2 minutes. Saler et poivrer.

Garnir chaque feuilleté d'épinards, d'un morceau de mousse de foie et de confit de carottes. Napper de coulis de vinaigre balsamique.

| PAR PORTION | |
|---|---|
| Calories | 317 |
| Protéines | 8 g |
| Matières grasses | 23 g |
| Glucides | 20 g |
| Fibres | 0,8 g |
| Fer | 1,6 mg |
| Calcium | 24 mg |
| Sodium | 335 mg |

## Version maison

### Confit de carottes

Couper 2 carottes en fine julienne à l'aide d'une mandoline. Déposer les carottes dans une casserole. Incorporer 60 ml (¼ de tasse) de jus de citron, 45 ml (3 c. à soupe) de miel et 30 ml (2 c. à soupe) de vin blanc. Saler et poivrer. Cuire 15 minutes à feu doux en remuant de temps à autre.

**FACULTATIF :**
➤ **Noix de pin**
30 ml (2 c. à soupe)

**Crabe** ①
1 paquet de chair
surgelée de 200 g,
décongelée

**Purée de pommes
de terre** ②
125 ml (½ tasse)

**Ciboulette** ③
hachée
30 ml (2 c. à soupe)

**Chapelure panko** ④
125 ml (½ tasse)

**Huile pour friture** ⑤
huile de canola ou
d'arachide
250 ml (1 tasse)

**PRÉVOIR AUSSI :**
➤ **Mayonnaise**
15 ml (1 c. à soupe)
➤ **1 œuf** battu

**FACULTATIF :**
➤ **Citron**
15 ml (1 c. à soupe)
de zestes

# Boulettes de crabe croustillantes

Préparation : **15 minutes** • Quantité : **12 bouchées**

## Préparation

Déposer la chair de crabe dans une passoire et presser
pour extraire le maximum d'eau.

Dans un bol, mélanger la chair de crabe avec la purée
de pommes de terre, la ciboulette, la mayonnaise et,
si désiré, les zestes de citron. Saler et poivrer.

Façonner 12 boulettes en utilisant environ 30 ml
(2 c. à soupe) de préparation pour chacune d'elles.

Tremper les boulettes dans l'œuf battu, puis les enrober
de chapelure panko.

Dans une poêle, chauffer l'huile à feu moyen. Cuire
les boulettes de 1 à 2 minutes. Assécher sur du papier
absorbant.

| PAR PORTION | |
|---|---|
| Calories | 87 |
| Protéines | 4 g |
| Matières grasses | 6 g |
| Glucides | 4 g |
| Fibres | 0,3 g |
| Fer | 0,2 mg |
| Calcium | 13 mg |
| Sodium | 109 mg |

## Idée pour accompagner

### Crème lime et miel

Dans un bol, mélanger 125 ml (½ tasse)
de crème sure avec 15 ml (1 c. à soupe) de zestes
de lime et 15 ml (1 c. à soupe) de miel. Saler et poivrer.

# Entrées colorées

Incontournable d'un bon repas, l'entrée ne doit surtout pas être négligée! Découvrez des saveurs invitantes pour réveiller les papilles et prolonger le temps passé en agréable compagnie.

**Ciboulette** ①
hachée
30 ml (2 c. à soupe)

**Saumon** ②
la peau enlevée
et coupé en dés
350 g (environ ¾ de lb)

**Saumon fumé** ③
coupé en dés
1 paquet de 70 g

**1 avocat** ④

**Vinaigrette japonaise** ⑤
**au sésame**
de type Wafu
45 ml (3 c. à soupe)

**PRÉVOIR AUSSI :**
➤ **Huile d'olive**
15 ml (1 c. à soupe)
➤ **Citron**
30 ml (2 c. à soupe)
de jus

# Tartare aux deux saumons et avocat

Préparation : **15 minutes** • Quantité : **4 portions**

## Préparation

Dans un bol, mélanger la ciboulette avec l'huile d'olive, la moitié du jus de citron et, si désiré, le persil et le poivre rose.

Ajouter les dés de saumon. Saler, poivrer et remuer.

Couper l'avocat en dés, puis mélanger avec la vinaigrette japonaise et le reste du jus de citron. Saler, poivrer et remuer.

Pour dresser chaque tartare, déposer un peu du mélange de saumon dans un emporte-pièce de 5 cm (2 po). Ajouter un peu de préparation à l'avocat. Égaliser et presser légèrement. Ajouter une autre couche de saumon.

Décorer avec les pousses si désiré.

| PAR PORTION | |
|---|---|
| Calories | 387 |
| Protéines | 25 g |
| Matières grasses | 30 g |
| Glucides | 6 g |
| Fibres | 4 g |
| Fer | 1 mg |
| Calcium | 22 mg |
| Sodium | 262 mg |

## Idée pour accompagner

### Chips de pain au gingembre

Couper en très fines tranches ¼ de baguette de pain. Faire fondre au micro-ondes 30 ml (2 c. à soupe) de beurre avec 15 ml (1 c. à soupe) de gingembre râpé. Badigeonner les deux côtés des tranches de pain avec le beurre parfumé. Déposer sur une plaque de cuisson et faire griller au four de 1 à 2 minutes de chaque côté à la position « gril » (*broil*).

**FACULTATIF :**
➤ **Persil** haché
30 ml (2 c. à soupe)
➤ **Poivre rose**
concassé
15 ml (1 c. à soupe)
➤ **Pousses** au choix
1 paquet de 100 g

**Fromage de chèvre** ①
de type bûchette
125 g

**Farine** ②
60 ml (¼ de tasse)

**1 œuf** ③

**Chapelure panko** ④
180 ml (¾ de tasse)

**Noix de Grenoble** ⑤
hachées
60 ml (¼ de tasse)

PRÉVOIR AUSSI :
➤ **Huile d'olive**
30 ml (2 c. à soupe)

# Croustillants de chèvre fondant

Préparation : **15 minutes** • Cuisson : **6 minutes** • Quantité : **4 portions**

## Préparation

Préchauffer le four à 205 °C (400 °F).

Couper le fromage de chèvre en quatre rondelles.

Préparer trois assiettes creuses. Dans la première, verser la farine. Dans la deuxième, battre l'œuf. Dans la troisième, mélanger la chapelure panko avec les noix de Grenoble.

Fariner les morceaux de fromage, les tremper dans l'œuf battu, puis les enrober de chapelure aux noix. Tremper une deuxième fois les rondelles dans l'œuf et la chapelure.

Dans une poêle allant au four, chauffer l'huile à feu moyen. Faire dorer les rondelles de fromage 1 minute de chaque côté.

Déposer la poêle dans le four et compléter la cuisson de 4 à 5 minutes.

| PAR PORTION | |
|---|---|
| Calories | 308 |
| Protéines | 11 g |
| Matières grasses | 23 g |
| Glucides | 16 g |
| Fibres | 1 g |
| Fer | 1 mg |
| Calcium | 107 mg |
| Sodium | 190 mg |

## Idée pour accompagner

### Salade de mesclun aux figues

Dans un bol, mélanger 60 ml (¼ de tasse) d'huile de noisette ou d'huile d'olive avec 30 ml (2 c. à soupe) de ciboulette hachée et 15 ml (1 c. à soupe) de jus de citron. Saler et poivrer. Répartir 500 ml (2 tasses) de mesclun dans quatre assiettes. Garnir chacune des portions de 2 demi-figues. Napper de vinaigrette.

**36 petits pétoncles** ①
(calibre 100/120)

**Mesclun** ②
1,25 litre (5 tasses)

**12 fraises** ③
tranchées

**½ citron** ④
jus

**Vinaigre
balsamique blanc** ⑤
15 ml (1 c. à soupe)

PRÉVOIR AUSSI :
➤ **Huile d'olive**
45 ml (3 c. à soupe)

# Salade de pétoncles et fraises

Préparation : **15 minutes** • Cuisson : **2 minutes** • Quantité : **4 portions**

## Préparation

Dans une poêle, chauffer 15 ml (1 c. à soupe) d'huile d'olive à feu vif. Saisir les pétoncles 1 minute de chaque côté. Déposer les pétoncles sur du papier absorbant.

Dans un grand saladier, déposer le mesclun et les fraises.

Dans un petit bol, fouetter le reste de l'huile d'olive avec le jus de citron et le vinaigre balsamique blanc.

Dans le saladier, ajouter les pétoncles et la vinaigrette. Saler, poivrer et remuer.

| PAR PORTION | |
|---|---|
| Calories | 175 |
| Protéines | 10 g |
| Matières grasses | 11 g |
| Glucides | 6 g |
| Fibres | 2 g |
| Fer | 1 mg |
| Calcium | 40 mg |
| Sodium | 111 mg |

## Pour varier

### Salade d'épinards aux fraises

Dans un bol, mélanger 750 ml (3 tasses) de bébés épinards avec 2 oignons verts émincés, 12 fraises coupées en deux et 80 ml (⅓ de tasse) de graines de tournesol grillées. Arroser du mélange au vinaigre balsamique blanc (voir recette ci-dessus) ou de la vinaigrette sésame et ciboulette (voir recette ci-dessous).

### Vinaigrette sésame et ciboulette

Dans un bol, fouetter 60 ml (¼ de tasse) d'huile de sésame (non grillé) avec 30 ml (2 c. à soupe) de sauce soya légère, 30 ml (2 c. à soupe) de ciboulette hachée, 30 ml (2 c. à soupe) de graines de sésame grillées et 15 ml (1 c. à soupe) de jus de lime. Saler et poivrer. Donne 160 ml (⅔ de tasse) de vinaigrette et se conserve de 3 à 4 jours au frais.

Recette de Eve Godin, nutritionniste

**5 petits portobellos** ❶
coupés en dés

**Vinaigre balsamique** ❷
30 ml (2 c. à soupe)

**Estragon** ❸
haché
15 ml (1 c. à soupe)

**Pâte phyllo** ❹
4 feuilles
coupées en deux

**Provolone** ❺
râpé
250 ml (1 tasse)

**PRÉVOIR AUSSI :**
➤ **Huile d'olive**
30 ml (2 c. à soupe)

➤ **½ oignon** haché

➤ **Beurre** fondu
60 ml (¼ de tasse)

FACULTATIF :
➤ **Ail** haché
5 ml (1 c. à thé)
➤ **Moutarde à l'ancienne à l'érable**
15 ml (1 c. à soupe)

# Feuillantines aux portobellos

Préparation : **15 minutes** • Cuisson : **15 minutes** • Quantité : **4 portions**

## Préparation

Préchauffer le four à 205 °C (400 °F).

Dans une poêle, chauffer l'huile à feu moyen. Cuire les portobellos avec l'oignon de 2 à 3 minutes.

Ajouter le vinaigre balsamique, l'estragon et, si désiré, l'ail et la moutarde. Saler et poivrer. Remuer et cuire 1 minute. Laisser tiédir.

Sur une surface de travail, déposer quatre demi-feuilles de pâte phyllo. À l'aide d'un pinceau, badigeonner de beurre. Ajouter les demi-feuilles restantes sur les premières et badigeonner à nouveau de beurre.

Au centre de chaque feuille, répartir la garniture aux portobellos. Parsemer de provolone râpé. Rabattre le bas de la feuille de pâte phyllo sur la garniture, puis le haut. Rabattre les côtés en dessous. Badigeonner le dessus des feuilletés de beurre.

Déposer sur une plaque de cuisson tapissée d'une feuille de papier parchemin et cuire au four 15 minutes.

| PAR PORTION | |
|---|---|
| Calories | 376 |
| Protéines | 12 g |
| Matières grasses | 29 g |
| Glucides | 17 g |
| Fibres | 1 g |
| Fer | 1 mg |
| Calcium | 283 mg |
| Sodium | 514 mg |

## Idée pour accompagner

### Caramel de vinaigre balsamique

Dans une casserole, porter à ébullition 250 ml (1 tasse) de vinaigre balsamique avec 125 ml (½ tasse) de vin rouge et 125 ml (½ tasse) de sucre. Laisser réduire 15 minutes à feu doux, jusqu'à l'obtention d'une consistance de caramel. À l'aide d'une cuillère, prélever une petite quantité de liquide et verser dans une assiette. Si le caramel se fige comme une perle, il est prêt. Retirer du feu. Une fois le caramel de vinaigre balsamique tiédi, transférer dans un contenant hermétique et conserver à température ambiante.

### Escargots `1`
rincés et égouttés
2 boîtes de 115 g
chacune

### Vin blanc sec `2`
80 ml (⅓ de tasse)

### Crème à cuisson 15 % `3`
180 ml (¾ de tasse)

### Fromage bleu `4`
100 g

### Basilic `5`
émincé
30 ml (2 c. à soupe)

### PRÉVOIR AUSSI :
➤ **Beurre**
15 ml (1 c. à soupe)
➤ **Échalotes sèches**
hachées
45 ml (3 c. à soupe)
➤ **Ail** haché
10 ml (2 c. à thé)

# Escargots à la crème de basilic et fromage bleu

Préparation : **15 minutes** • Cuisson : **10 minutes** • Quantité : **4 portions**

## Préparation

Dans une poêle, faire fondre le beurre à feu moyen. Cuire les escargots avec les échalotes et l'ail de 1 à 2 minutes.

Verser le vin blanc et laisser réduire jusqu'à ce qu'il n'y ait plus de liquide.

Ajouter la crème et le fromage bleu. Saler et poivrer. Laisser mijoter 5 minutes à feu doux-moyen, jusqu'à ce que la sauce ait réduit du tiers.

Au moment de servir, parsemer de basilic.

| PAR PORTION | |
| --- | --- |
| Calories | 282 |
| Protéines | 16 g |
| Matières grasses | 21 g |
| Glucides | 7 g |
| Fibres | 0,2 g |
| Fer | 2 mg |
| Calcium | 195 mg |
| Sodium | 573 mg |

## Pour varier

### Escargots gratinés à l'ail

À l'aide d'une passoire, rincer et égoutter le contenu de 1 boîte d'escargots de 125 g. Dans une escargotière, placer un escargot par alvéole. Répartir 125 ml (½ tasse) de beurre à l'ail sur les escargots. Parsemer de 250 ml (1 tasse) de mozzarella râpée. Cuire au four 15 minutes à 180 °C (350 °F). Faire gratiner de 1 à 2 minutes à la position « gril » (*broil*).

**12 tomates raisins**
coupées en deux ①

**½ oignon rouge**
coupé en dés ②

**Vinaigrette italienne**
80 ml (⅓ de tasse) ③

**2 avocats** ④

**Feta**
émiettée
125 ml (½ tasse) ⑤

# Salade d'avocats et feta

Préparation : **15 minutes** • Quantité : **4 portions**

## Préparation

Dans un saladier, mélanger les tomates raisins avec l'oignon rouge et la vinaigrette.

Couper les avocats en deux et retirer le noyau. Tailler la chair des avocats en dés en prenant soin de ne pas abîmer la pelure.

Déposer les dés d'avocats et la feta dans le saladier. Remuer.

Garnir les demi-avocats évidés avec la salade.

| PAR PORTION | |
|---|---|
| Calories | 241 |
| Protéines | 5 g |
| Matières grasses | 21 g |
| Glucides | 11 g |
| Fibres | 5 g |
| Fer | 1 mg |
| Calcium | 114 mg |
| Sodium | 599 mg |

## Pour varier

### Vinaigrette lime, ail et origan

Dans un bol, fouetter 45 ml (3 c. à soupe) d'huile d'olive avec 15 ml (1 c. à soupe) de jus de lime, 5 ml (1 c. à thé) d'ail haché et 30 ml (2 c. à soupe) d'origan haché. Saler et poivrer.

**Mesclun** ❶
ou roquette
375 ml (1 ½ tasse)

**4 tomates** ❷

**4 gros bocconcinis** ❸

**Saumon fumé** ❹
1 paquet de 140 g

**½ oignon rouge** ❺
émincé

# Salade au saumon fumé et bocconcinis

Préparation : **15 minutes** • Quantité : **4 portions**

## Préparation

Répartir le mesclun dans quatre petites assiettes.

Émincer les tomates et les bocconcinis. Répartir
sur le mesclun en les faisant alterner.

Former des rosettes de saumon fumé et déposer
au centre des assiettes.

Garnir de rondelles d'oignon rouge et, si désiré, de ciboulette. Arroser d'un filet d'huile d'olive. Saler et poivrer.

| PAR PORTION | |
|---|---|
| Calories | 329 |
| Protéines | 23 g |
| Matières grasses | 24 g |
| Glucides | 7 g |
| Fibres | 2 g |
| Fer | 1 mg |
| Calcium | 205 mg |
| Sodium | 239 mg |

## Idée pour accompagner

### Vinaigrette citron et estragon

Dans un bol, mélanger 15 ml (1 c. à soupe) de
jus de citron avec 10 ml (2 c. à thé) de moutarde
de Dijon, 15 ml (1 c. à soupe) d'estragon haché
et 5 ml (1 c. à thé) d'ail haché. Verser 125 ml
(½ tasse) d'huile d'olive en un mince filet et
incorporer progressivement en fouettant. Saler et poivrer.
Donne 170 ml (environ ¾ de tasse) de vinaigrette et se
conserve de 3 à 4 jours au frais.

PRÉVOIR AUSSI :
➤ **Huile d'olive**
45 ml (3 c. à soupe)

FACULTATIF :
➤ **Ciboulette** hachée
30 ml (2 c. à soupe)

**Huile d'olive**
60 ml (¼ de tasse) ①

**Vinaigre balsamique blanc**
15 ml (1 c. à soupe) ②

**18 à 20 tomates cerises**
de couleurs variées ③

**¼ de concombre anglais** ④

**Crevettes nordiques**
100 g (166 ml) ⑤

**PRÉVOIR AUSSI :**
➤ **Ail** haché
5 ml (1 c. à thé)
➤ **Basilic** émincé
30 ml (2 c. à soupe)

**FACULTATIF :**
➤ ¼ d'**oignon rouge**

# Tartare de tomates et crevettes en verrines

Préparation : **15 minutes** • Quantité : **4 portions**

## Préparation

Dans un saladier, mélanger l'huile d'olive avec le vinaigre balsamique blanc, l'ail et le basilic.

Couper en dés les tomates cerises, le concombre et, si désiré, l'oignon rouge.

Dans le saladier, incorporer les dés de légumes et les crevettes. Saler et poivrer.

Répartir le tartare dans quatre verrines. Réfrigérer.

| PAR PORTION | |
|---|---|
| Calories | 162 |
| Protéines | 5 g |
| Matières grasses | 14 g |
| Glucides | 5 g |
| Fibres | 1 g |
| Fer | 0,6 mg |
| Calcium | 20 mg |
| Sodium | 172 mg |

## Idée pour accompagner

### Crème fouettée salée au citron

À l'aide du batteur électrique, fouetter 125 ml (½ tasse) de crème à fouetter 35 % avec 1,25 ml (¼ de c. à thé) de piment d'Espelette et 1 pincée de sel jusqu'à l'obtention de pics fermes. Incorporer 10 ml (2 c. à thé) de zestes de citron.

# Feuilletés au brie, vinaigrette au porto

Préparation : **12 minutes** • Cuisson : **6 minutes** • Quantité : **4 portions**

## Préparation

Préchauffer le four à 190 °C (375 °F).

Couper le brie en huit tranches et, si désiré, rouler chacune des tranches dans le romarin.

Beurrer les feuilles de pâte phyllo, puis enrouler chacune des tranches de brie dans une feuille de pâte. Déposer sur une plaque de cuisson tapissée d'une feuille de papier parchemin, puis cuire au four de 6 à 8 minutes, jusqu'à ce que la pâte soit dorée.

Pendant ce temps, préparer la vinaigrette. Mélanger la ciboulette avec le porto rouge et l'huile d'olive. Si désiré, incorporer le persil. Saler et poivrer.

Au moment de servir, napper les feuilletés de vinaigrette.

| PAR PORTION | |
|---|---|
| Calories | 586 |
| Protéines | 24 g |
| Matières grasses | 43 g |
| Glucides | 25 g |
| Fibres | 1 g |
| Fer | 2 mg |
| Calcium | 191 mg |
| Sodium | 893 mg |

## Idée pour accompagner

### Salade mesclun

Dans un saladier, mélanger 30 ml (2 c. à soupe) d'huile d'olive avec 10 ml (2 c. à thé) de vinaigre balsamique, 10 ml (2 c. à thé) d'ail haché, 10 ml (2 c. à thé) de moutarde de Dijon et 30 ml (2 c. à soupe) de ciboulette hachée. Saler et poivrer. Incorporer 500 ml (2 tasses) de mesclun et ½ concombre coupé en rondelles.

**Brie** ❶
400 g

**Beurre** ❷
fondu
30 ml (2 c. à soupe)

**Pâte phyllo** ❸
8 feuilles

**Ciboulette** ❹
hachée
10 ml (2 c. à thé)

**Porto rouge** ❺
30 ml (2 c. à soupe)

PRÉVOIR AUSSI :
➤ **Huile d'olive**
30 ml (2 c. à soupe)

FACULTATIF :
➤ **Romarin** haché
5 ml (1 c. à thé)
➤ **Persil** haché
10 ml (2 c. à thé)

**Bacon**
8 tranches ①

**Laitue frisée rouge** ②
de 4 à 6 feuilles

**Cœurs de palmier** ③
1 boîte de 398 ml

**Roquette** ④
250 ml (1 tasse)

**Vinaigrette italienne** ⑤
du commerce
80 ml (⅓ de tasse)

# Salade de cœurs de palmier au bacon croustillant

Préparation : **15 minutes** • Cuisson : **5 minutes** • Quantité : **4 portions**

## Préparation

Déposer les tranches de bacon entre deux feuilles de papier absorbant. Cuire au micro-ondes de 5 à 6 minutes, jusqu'à ce qu'il soit croustillant. Laisser tiédir et couper en morceaux.

Déchiqueter la laitue frisée. Égoutter, puis émincer les cœurs de palmier.

Dans un saladier, déposer les légumes et le bacon.

Verser la vinaigrette et remuer.

| PAR PORTION | |
|---|---|
| Calories | 285 |
| Protéines | 9 g |
| Matières grasses | 26 g |
| Glucides | 6 g |
| Fibres | 2 g |
| Fer | 2 mg |
| Calcium | 49 mg |
| Sodium | 1 035 mg |

## Version maison

### Vinaigrette à l'italienne

Dans un bol, fouetter 80 ml (⅓ de tasse) d'huile d'olive avec 45 ml (3 c. à soupe) de parmesan râpé, 15 ml (1 c. à soupe) de vinaigre balsamique et 15 ml (1 c. à soupe) de pesto aux tomates séchées. Saler et poivrer. Donne 155 ml (environ ⅔ de tasse) de vinaigrette et se conserve de 3 à 4 jours au frais.

**1 pamplemousse rose** 1

**6 gros pétoncles** 2
(calibre U20)

**¼ de concombre anglais** 3

**Ciboulette** 4
hachée
15 ml (1 c. à soupe)

**1 lime** 5
jus

# Ceviche de pétoncles et pamplemousse

Préparation : **15 minutes** • Quantité : **4 portions**

## Préparation

Prélever les suprêmes du pamplemousse en coupant d'abord l'écorce à vif, puis en tranchant de chaque côté des membranes. Déposer dans un grand bol.

Éponger, puis trancher finement les pétoncles. Déposer dans le bol.

Dans le bol, incorporer délicatement le reste des ingrédients.

Répartir la préparation dans quatre verrines. Saler et poivrer. Servir immédiatement.

| PAR PORTION | |
|---|---|
| Calories | 41 |
| Protéines | 4 g |
| Matières grasses | 0 g |
| Glucides | 5 g |
| Fibres | 1 g |
| Fer | 0 mg |
| Calcium | 15 mg |
| Sodium | 32 mg |

## Pour varier

### Ceviche de tilapia

Dans un bol, déposer 2 filets de tilapia de 110 g (environ ¼ de lb) chacun taillés en lanières d'environ 2 cm (¾ de po) de largeur, puis ajouter 310 ml (1 ¼ tasse) de jus de citron ou de jus de lime, afin de couvrir complètement les lanières de poisson. Laisser mariner 1 heure au frais. Dans un autre bol, mélanger 30 ml (2 c. à soupe) de mangue émincée avec 30 ml (2 c. à soupe) de poivrons rouge et jaune émincés, 30 ml (2 c. à soupe) de coriandre hachée et 100 ml (environ ½ tasse) de jus de fruits tropicaux (de type orange et ananas). Au moment de servir, mélanger le poisson avec la préparation aux légumes. Égoutter. Répartir le mélange dans des verrines. Si désiré, servir avec des nachos et une pincée de sambal oelek.

Recette de Ève Godin, nutritionniste

**3 tomates italiennes** ❶
épépinées et
coupées en dés

**Basilic** ❷
émincé
30 ml (2 c. à soupe)

**½ oignon rouge** ❸
haché

**Vinaigrette à l'érable** ❹
du commerce
80 ml (⅓ de tasse)

**Mozzarina** ❺
1 paquet de 250 g

# Étagé de tomates et mozzarina au parfum d'érable

Préparation : **15 minutes** • Quantité : **4 portions**

## Préparation

Dans un bol, mélanger les tomates italiennes avec le basilic, l'oignon rouge et la moitié de la vinaigrette à l'érable. Saler et poivrer.

Couper la mozzarina en 12 tranches.

Dans chacune des assiettes, déposer une tranche de mozzarina. Couvrir d'un peu de mélange aux tomates. Répéter une fois pour former un deuxième étage, puis couvrir d'une dernière tranche de mozzarina.

Napper avec le reste de la vinaigrette à l'érable.

| PAR PORTION | |
|---|---|
| Calories | 144 |
| Protéines | 15 g |
| Matières grasses | 8 g |
| Glucides | 4 g |
| Fibres | 1 g |
| Fer | 0,2 mg |
| Calcium | 356 mg |
| Sodium | 47 mg |

## Version maison

### Vinaigrette à l'érable

À l'aide du batteur électrique, fouetter 60 ml (¼ de tasse) d'huile d'olive avec 30 ml (2 c. à soupe) de sirop d'érable, 15 ml (1 c. à soupe) de vinaigre de cidre, 15 ml (1 c. à soupe) de moutarde de Dijon et 1 jaune d'œuf. Saler et poivrer.

**Pâte phyllo**
8 feuilles ①

**Beurre** ②
fondu
60 ml (¼ de tasse)

**Ciboulette** ③
hachée
15 ml (1 c. à soupe)

**Fromage bleu** ④
tranché en huit
250 g

**Bébés épinards** ⑤
1 contenant de 142 g

# Baluchons fondants au bleu et épinards

Préparation : **15 minutes** • Cuisson : **8 minutes** • Quantité : **8 baluchons**

## Préparation

Préchauffer le four à 180 °C (350 °F).

Déposer les feuilles de pâte phyllo sur le plan de travail et badigeonner de beurre fondu. Saupoudrer de ciboulette et, si désiré, de thym.

Plier chacune des feuilles en quatre et déposer une tranche de fromage au centre de chacune d'elles. Garnir d'une petite quantité d'épinards. Refermer la pâte en rassemblant les extrémités au centre pour former des baluchons.

Déposer les baluchons sur une plaque de cuisson tapissée d'une feuille de papier parchemin. Cuire au four de 8 à 12 minutes, jusqu'à ce que la pâte soit bien dorée.

| PAR PORTION | |
|---|---|
| Calories | 234 |
| Protéines | 9 g |
| Matières grasses | 16 g |
| Glucides | 13 g |
| Fibres | 0,5 g |
| Fer | 1 mg |
| Calcium | 183 mg |
| Sodium | 616 mg |

## Pour varier

### Baluchons croustillants au porc

Dans une poêle, chauffer 30 ml (2 c. à soupe) d'huile de sésame (non grillé) à feu moyen. Cuire 300 g (⅔ de lb) de porc haché de 4 à 5 minutes. Retirer du feu et laisser tiédir. Incorporer 1 œuf battu, 20 ml (4 c. à thé) de gingembre haché, 10 ml (2 c. à thé) d'ail haché et 30 ml (2 c. à soupe) de sauce soya. Réfrigérer 1 heure. Répartir la préparation sur 6 feuilles de pâte à wontons. Badigeonner le pourtour des feuilles avec un peu de jaune d'œuf battu. Rabattre les quatre pointes des feuilles sur la farce, puis presser délicatement pour sceller les baluchons. Chauffer 500 ml (2 tasses) d'huile de canola à feu moyen dans une poêle, puis frire les baluchons de 1 à 2 minutes, jusqu'à ce qu'ils soient dorés. Déposer sur du papier absorbant.

FACULTATIF :
➤ **Thym** haché
15 ml (1 c. à soupe)

**2 pamplemousses roses** ①

**2 avocats** ②

**24 crevettes nordiques** ③

**Sauce dijonnaise**
du commerce
60 ml (¼ de tasse) ④

**Ciboulette** ⑤
hachée
30 ml (2 c. à soupe)

# Salade d'avocats, crevettes et pamplemousse

Préparation : **15 minutes** • Quantité : **4 portions**

## Préparation

Prélever les suprêmes des pamplemousses en pelant d'abord l'écorce à vif, puis en tranchant de chaque côté des membranes. Déposer les suprêmes dans un saladier. Presser les membranes au-dessus du saladier afin d'en récupérer le jus.

Couper les avocats en quartiers et les déposer dans le saladier. Ajouter les crevettes nordiques.

Incorporer délicatement la sauce dijonnaise et la ciboulette. Saler et poivrer.

| PAR PORTION | |
|---|---|
| Calories | 252 |
| Protéines | 5 g |
| Matières grasses | 19 g |
| Glucides | 18 g |
| Fibres | 7 g |
| Fer | 1 mg |
| Calcium | 28 mg |
| Sodium | 287 mg |

## Version maison

### Sauce dijonnaise

Dans un bol, mélanger 15 ml (1 c. à soupe) de moutarde douce avec 15 ml (1 c. à soupe) de moutarde de Dijon, 15 ml (1 c. à soupe) de miel, 180 ml (¾ de tasse) de mayonnaise et 30 ml (2 c. à soupe) de persil haché. Saler et poivrer. Fouetter la préparation jusqu'à l'obtention d'une consistance crémeuse.

# Soupes et potages

Qu'ils soient à base de légumes, de légumineuses ou de fruits de mer, les soupes et potages bien assaisonnés font des heureux à tous coups! Non seulement ils ajoutent une pincée de réconfort, mais en plus, ils regorgent de saveurs douces qui flattent le palais.

**Asperges** ❶
755 g (1 ⅔ lb)

**1 poireau** ❷
émincé

**Lait** ❸
1 litre (4 tasses)

**Crème à cuisson 15 %** ❹
250 ml (1 tasse)

**Fromage de chèvre** ❺
30 g

**PRÉVOIR AUSSI :**
➤ **Beurre**
15 ml (1 c. à soupe)
➤ **Huile d'olive**
15 ml (1 c. à soupe)

# Velouté d'asperges et poireau, mousse de lait au fromage de chèvre

Préparation : **15 minutes** • Cuisson : **15 minutes** • Quantité : **de 4 à 6 portions**

## Préparation

Dans une casserole d'eau bouillante, blanchir les asperges avec le poireau 2 minutes, puis déposer aussitôt dans un récipient d'eau très froide.

Dans une grande casserole, porter à ébullition 750 ml (3 tasses) de lait. Ajouter les asperges et le poireau. Cuire 10 minutes à feu doux, en remuant de temps en temps.

Retirer la casserole du feu, puis incorporer la crème et le beurre. Saler et poivrer.

Verser la préparation dans le contenant du mélangeur et réduire en potage. Réserver.

Dans une casserole, porter à ébullition le reste du lait avec le fromage de chèvre en remuant énergiquement à l'aide d'un fouet, jusqu'à ce que la préparation soit bien mousseuse. Retirer du feu.

Préparer de quatre à six assiettes creuses. Au centre de chacune d'elles, verser une louche de velouté d'asperges et garnir d'une cuillérée de mousse de lait au fromage de chèvre. Si désiré, saupoudrer de piment d'Espelette et arroser d'un filet d'huile d'olive.

| PAR PORTION | |
|---|---|
| Calories | 231 |
| Protéines | 10 g |
| Matières grasses | 16 g |
| Glucides | 14 g |
| Fibres | 1 g |
| Fer | 1 mg |
| Calcium | 314 mg |
| Sodium | 133 mg |

## Idée pour accompagner

### Pailles au parmesan

À l'aide du rouleau à pâtisserie, abaisser 250 g (½ lb) de pâte feuilletée en un rectangle de 25 cm x 15 cm (10 po x 6 po). Badigeonner la pâte avec 1 jaune d'œuf battu. Saupoudrer de 125 ml (½ tasse) de parmesan râpé et de 15 ml (1 c. à soupe) de thym haché. Saler et poivrer. Presser légèrement afin que les ingrédients adhèrent bien à la pâte. Tailler des bandes de 1,5 cm (⅓ de po) de largeur. Tourner chaque bande de pâte sur elle-même afin de lui donner la forme d'une vrille. Déposer les pailles sur une plaque antiadhésive. Cuire au four de 15 à 20 minutes à 180 °C (350 °F), jusqu'à ce qu'elles soient dorées et croustillantes.

**FACULTATIF :**
➤ **Piment d'Espelette**
1 pincée

**2 carottes** ❶
coupées en dés

**1 oignon** ❷
haché

**Céleri** ❸
3 branches
coupées en dés

**Pois jaunes cassés** ❹
500 ml (2 tasses)

**Bouillon de poulet** ❺
1,5 litre (6 tasses)

PRÉVOIR AUSSI :
➤ **Beurre**
30 ml (2 c. à soupe)

# Soupe aux pois

Préparation : **15 minutes** • Cuisson : **35 minutes** • Quantité : **8 portions**

## Préparation

Dans une casserole, faire fondre le beurre à feu moyen. Faire revenir les carottes avec l'oignon et le céleri de 3 à 4 minutes.

Ajouter les pois et le bouillon de poulet. Saler, poivrer et porter à ébullition.

Couvrir et laisser mijoter de 35 à 45 minutes à feu doux-moyen.

## Idée pour accompagner

### Croûtons au romarin

Couper en dés ¼ de baguette de pain et déposer dans un bol. Ajouter 30 ml (2 c. à soupe) d'huile d'olive, 5 ml (1 c. à thé) de romarin haché et 30 ml (2 c. à soupe) de persil haché. Saler, poivrer et remuer. Faire griller au four de 8 à 10 minutes à 205 °C (400 °F).

| PAR PORTION | |
|---|---|
| Calories | 222 |
| Protéines | 15 g |
| Matières grasses | 4 g |
| Glucides | 34 g |
| Fibres | 5 g |
| Fer | 3 mg |
| Calcium | 48 mg |
| Sodium | 341 mg |

**Fenouil** ①
1 bulbe coupé en dés

**Fumet de poisson** ②
ou bouillon de légumes
1 litre (4 tasses)

**Crème à cuisson 15 %** ③
180 ml (¾ de tasse)

**Homard** ④
400 g (environ 1 lb)
de chair

**Petits pétoncles** ⑤
(calibre 100/120)
170 g (environ ⅓ de lb)

**PRÉVOIR AUSSI :**
➤ **Beurre**
60 ml (¼ de tasse)
➤ **Farine**
60 ml (¼ de tasse)
➤ 2 **pommes de terre**
coupées en dés

**FACULTATIF :**
➤ 1 **poireau** émincé
➤ **Vin blanc sec**
125 ml (½ tasse)
➤ **Estragon** haché
30 ml (2 c. à soupe)

# Chaudrée de homard, pétoncles et fenouil

Préparation : **15 minutes** • Cuisson : **20 minutes** • Quantité : **de 6 à 8 portions**

## Préparation

Dans une casserole, faire fondre le beurre à feu doux. Faire suer le fenouil et, si désiré, le poireau 10 minutes, en remuant de temps en temps. Saupoudrer de farine et remuer.

Si désiré, verser le vin blanc et chauffer à feu moyen en remuant jusqu'aux premiers bouillons.

Ajouter le fumet de poisson et les pommes de terre. Couvrir et laisser mijoter 10 minutes.

Ajouter la crème, le homard et les pétoncles. Saler, poivrer et chauffer jusqu'aux premiers frémissements.

Si désiré, parsemer d'estragon au moment de servir.

| PAR PORTION | |
|---|---|
| Calories | 187 |
| Protéines | 13 g |
| Matières grasses | 10 g |
| Glucides | 13 g |
| Fibres | 2 g |
| Fer | 3 mg |
| Calcium | 70 mg |
| Sodium | 681 mg |

## Idée pour accompagner

### Croûtons gratinés au fromage Oka

Dans un bol, mélanger 250 ml (1 tasse) de fromage Oka râpé avec 15 ml (1 c. à soupe) de thym haché. Sur une plaque de cuisson, déposer 4 tranches de pain et couvrir du mélange au fromage. Poivrer. Faire griller au four de 8 à 10 minutes à 205 °C (400 °F).

**Carottes** ➊
coupées en petits
morceaux
1 litre (4 tasses)

**Bouillon de poulet** ➋
1,25 litre (5 tasses)

**Canneberges** ➌
fraîches ou surgelées
60 ml (¼ de tasse)

**Crème à cuisson 35 %** ➍
250 ml (1 tasse)

**Jus d'orange** ➎
250 ml (1 tasse)

**PRÉVOIR AUSSI :**
➤ **Beurre**
30 ml (2 c. à soupe)
➤ 1 **oignon** haché

**FACULTATIF :**
➤ **Ail**
1 gousse hachée

# Crème de carottes orange-canneberges

Préparation : **15 minutes** • Cuisson : **35 minutes** • Quantité : **8 portions**

## Préparation

Dans une casserole, faire fondre le beurre à feu doux. Faire dorer l'oignon.

Ajouter les carottes, le bouillon de poulet, les canneberges et, si désiré, l'ail. Saler. Porter à ébullition et laisser mijoter 30 minutes.

Incorporer la crème et le jus d'orange. Porter de nouveau à ébullition et laisser mijoter 5 minutes.

Transférer une partie de la préparation dans le contenant du mélangeur. Mélanger de 5 à 7 minutes à vitesse élevée. Répéter avec le reste de la préparation.

Rectifier l'assaisonnement au besoin.

| PAR PORTION | |
|---|---|
| Calories | 131 |
| Protéines | 3 g |
| Matières grasses | 8 g |
| Glucides | 12 g |
| Fibres | 3 g |
| Fer | 1 mg |
| Calcium | 69 mg |
| Sodium | 329 mg |

## Idée pour accompagner

### Baguette de pain à l'ail et tomates séchées

Mélanger 125 ml (½ tasse) de beurre ramolli avec 60 ml (¼ de tasse) de persil haché, 15 ml (1 c. à soupe) de pesto aux tomates séchées et 10 ml (2 c. à thé) d'ail haché. Saler et poivrer. Faire des incisions dans 1 petite baguette de pain de manière à obtenir de 10 à 12 tranches coupées aux trois quarts et d'environ 2,5 cm (1 po) d'épaisseur. Tartiner les tranches de beurre aromatisé. Déposer le pain sur une plaque de cuisson tapissée d'une feuille de papier d'aluminium. Cuire au four de 12 à 15 minutes à 205 °C (400 °F).

**1 oignon** ①
émincé

**Curcuma** ②
5 ml (1 c. à thé)

**1 chou-fleur** ③
taillé en bouquets

**2 pommes de terre** ④
pelées et coupées
en cubes

**Bouillon de poulet** ⑤
1,25 litre (5 tasses)

PRÉVOIR AUSSI :
➤ **Beurre**
30 ml (2 c. à soupe)

# Crème de chou-fleur au curcuma

Préparation : **15 minutes** • Cuisson : **20 minutes** • Quantité : **4 portions**

## Préparation

Dans une casserole, faire fondre le beurre à feu doux-moyen. Cuire l'oignon et le curcuma de 3 à 4 minutes, jusqu'à ce que l'oignon soit doré.

Ajouter le chou-fleur, les pommes de terre et le bouillon de poulet. Porter à ébullition. Couvrir et laisser mijoter de 20 à 25 minutes à feu moyen.

Dans le contenant du mélangeur, émulsionner la préparation jusqu'à l'obtention d'une consistance lisse et onctueuse.

| PAR PORTION | |
|---|---|
| Calories | 170 |
| Protéines | 8 g |
| Matières grasses | 6 g |
| Glucides | 22 g |
| Fibres | 6 g |
| Fer | 2,2 mg |
| Calcium | 76 mg |
| Sodium | 609 mg |

## Pour varier

### Velouté de chou-fleur au fromage

Dans une casserole, faire fondre 30 ml (2 c. à soupe) de beurre à feu doux. Cuire 2 oignons hachés et 15 ml (1 c. à soupe) d'ail haché de 3 à 4 minutes, jusqu'à ce qu'ils soient translucides. Ajouter 2 pommes de terre pelées et coupées en cubes, 1 chou-fleur taillé en petits bouquets et 1 litre (4 tasses) de bouillon de légumes. Porter à ébullition. Couvrir et laisser mijoter à feu moyen 20 minutes. À l'aide du mélangeur électrique, réduire la préparation en potage. Remettre la préparation dans la casserole et chauffer à feu moyen jusqu'aux premiers frémissements. Incorporer graduellement 310 ml (1 ¼ tasse) de cheddar fort râpé et remuer jusqu'à ce que le fromage soit fondu. Incorporer 80 ml (⅓ de tasse) de crème à cuisson 15 %.

**Mélange de trois champignons**
2 contenants de 227 g chacun

**Vin blanc** ②
180 ml (¾ de tasse)

**Échalotes sèches** ③
hachées
80 ml (⅓ de tasse)

**Bouillon de poulet** ④
1,25 litre (5 tasses)

**Crème à cuisson 15 %** ⑤
180 ml (¾ de tasse)

**PRÉVOIR AUSSI :**
➤ **Beurre**
60 ml (¼ de tasse)
➤ **Ail** haché
15 ml (1 c. à soupe)
➤ **Farine**
80 ml (⅓ de tasse)

**FACULTATIF :**
➤ **Persil** haché
45 ml (3 c. à soupe)

# Chaudrée de champignons

Préparation : **15 minutes** • Cuisson : **15 minutes** • Quantité : **de 4 à 6 portions**

## Préparation

Dans une casserole, faire fondre le beurre à feu moyen. Cuire les champignons de 2 à 3 minutes. Transférer le quart des champignons dans une assiette et réserver.

Dans la même casserole, verser le vin blanc. Porter à ébullition, puis chauffer jusqu'à réduction complète du liquide.

Ajouter les échalotes, le bouillon de poulet, l'ail et la farine. Porter à ébullition en remuant.

Couvrir et laisser mijoter 15 minutes à feu doux-moyen.

Incorporer la crème, puis saler et poivrer. Porter de nouveau à ébullition, puis retirer du feu.

Réchauffer les champignons réservés au micro-ondes quelques secondes.

Répartir le potage dans les bols. Garnir chacune des portions avec les champignons réservés. Si désiré, saupoudrer de persil.

| PAR PORTION | |
|---|---|
| Calories | 196 |
| Protéines | 7 g |
| Matières grasses | 13 g |
| Glucides | 14 g |
| Fibres | 2 g |
| Fer | 2 mg |
| Calcium | 60 mg |
| Sodium | 592 mg |

## Idée pour accompagner

### Croûtons au gorgonzola et à l'ail

Couper ¼ de baguette de pain en 12 tranches. Mélanger 150 g de gorgonzola avec 30 ml (2 c. à soupe) de beurre ramolli, 30 ml (2 c. à soupe) de persil haché et 5 ml (1 c. à thé) d'ail haché. Tartiner les croûtons avec cette préparation. Faire dorer au four de 1 à 2 minutes à la position « gril » (*broil*).

**Poireaux** ❶
3 blancs émincés

**4 poires** ❷
pelées et coupées
en dés

**Bouillon de poulet** ❸
1,5 litre (6 tasses)

**3 pommes de terre** ❹
pelées et coupées
en cubes

**Crème à cuisson 15 %** ❺
125 ml (½ tasse)

PRÉVOIR AUSSI :
➤ **Huile de canola**
30 ml (2 c. à soupe)
➤ **Cari**
30 ml (2 c. à soupe)

# Velouté de poireaux et poires

Préparation : **15 minutes** • Cuisson : **25 minutes** • Quantité : **de 6 à 8 portions**

## Préparation

Dans une casserole, chauffer l'huile à feu moyen.
Cuire les poireaux et les poires de 2 à 3 minutes,
jusqu'à tendreté.

Saupoudrer de cari et remuer.

Ajouter le bouillon de poulet et les pommes de terre.
Saler et poivrer. Porter à ébullition. Couvrir et laisser
mijoter de 20 à 25 minutes à feu doux, jusqu'à ce que
les pommes de terre soient cuites.

À l'aide du mélangeur électrique, réduire la préparation
en potage.

Remettre le potage dans la casserole. Incorporer
la crème et chauffer 5 minutes. Répartir le velouté
dans les bols.

| PAR PORTION | |
|---|---|
| Calories | 176 |
| Protéines | 4 g |
| Matières grasses | 6 g |
| Glucides | 27 g |
| Fibres | 5 g |
| Fer | 2 mg |
| Calcium | 70 mg |
| Sodium | 318 mg |

## Idée pour accompagner

### Garniture poires et pancetta

Dans une poêle, saisir 8 tranches de pancetta coupées
en dés de 1 à 2 minutes. Ajouter 2 poires coupées en
dés, 10 ml (2 c. à thé) de jus de citron et 15 ml (1 c. à
soupe) de miel. Saler et poivrer. Faire caraméliser
de 1 à 2 minutes à feu moyen.

**Patates douces** ❶
6 petites

**Beurre** ❷
30 ml (2 c. à soupe)

**1 oignon** ❸
haché

**Bouillon de poulet** ❹
750 ml (3 tasses)

**Cidre** ❺
500 ml (2 tasses)

# Potage aux patates douces et cidre

Préparation : **15 minutes** • Cuisson : **25 minutes** • Quantité : **de 4 à 6 portions**

## Préparation

Peler et couper en cubes les patates douces.

Dans une casserole, faire fondre le beurre à feu moyen. Cuire l'oignon de 1 à 2 minutes.

Ajouter les patates douces, le bouillon de poulet et le cidre. Saler et poivrer. Porter à ébullition et laisser mijoter 25 minutes à feu doux-moyen.

Dans le contenant du mélangeur, réduire la préparation en potage.

| PAR PORTION | |
|---|---|
| Calories | 178 |
| Protéines | 3 g |
| Matières grasses | 4 g |
| Glucides | 24 g |
| Fibres | 4 g |
| Fer | 1 mg |
| Calcium | 50 mg |
| Sodium | 294 mg |

## Pour varier

### Potage aux patates douces et pommes

Peler et couper en cubes 6 petites patates douces. Dans une casserole, faire fondre 30 ml (2 c. à soupe) de beurre à feu moyen. Cuire 1 oignon haché de 1 à 2 minutes. Ajouter les patates douces, 2 pommes vertes pelées et coupées en dés, 1 bulbe de fenouil coupé en dés et 750 ml (3 tasses) de bouillon de poulet. Saler et poivrer. Porter à ébullition et laisser mijoter 25 minutes à feu doux-moyen. Dans le contenant du mélangeur, réduire la préparation en potage.

**Bouillon de poulet** ①
1 litre (4 tasses)

**2 carottes** ②
coupées en dés

**Chou-fleur** ③
taillé en petits bouquets
500 ml (2 tasses)

**Lait** ④
250 ml (1 tasse)

**Monterey Jack** ⑤
râpé
250 ml (1 tasse)

**PRÉVOIR AUSSI :**
➤ **Huile de canola**
15 ml (1 c. à soupe)
➤ **1 oignon** haché
➤ **Farine**
60 ml (¼ de tasse)

**FACULTATIF :**
➤ **Ail** haché
10 ml (2 c. à thé)
➤ **Maïs en grains**
125 ml (½ tasse)
➤ **2 pommes de terre**
coupées en dés

# Chaudrée crémeuse aux légumes et fromage

Préparation : **15 minutes** • Cuisson : **12 minutes** • Quantité : **de 4 à 6 portions**

## Préparation

Dans une casserole, chauffer l'huile à feu moyen. Saisir l'oignon et, si désiré, l'ail de 1 à 2 minutes.

Incorporer la farine. Verser le bouillon de poulet et porter à ébullition en remuant.

Ajouter les légumes. Couvrir et laisser mijoter de 12 à 15 minutes, jusqu'à ce que les légumes soient tendres.

Verser le lait et porter à ébullition. Retirer du feu, puis incorporer le fromage. Continuer à remuer jusqu'à ce qu'il soit fondu.

| PAR PORTION | |
|---|---|
| Calories | 232 |
| Protéines | 13 g |
| Matières grasses | 10 g |
| Glucides | 25 g |
| Fibres | 3 g |
| Fer | 1 mg |
| Calcium | 299 mg |
| Sodium | 289 mg |

## Idée pour accompagner

### Pain grillé à l'ail et aneth

Couper la moitié de 1 baguette de pain en 12 croûtons. Mélanger 60 ml (¼ de tasse) d'huile d'olive avec 30 ml (2 c. à soupe) d'aneth haché et 5 ml (1 c. à thé) d'ail haché. Badigeonner les deux côtés des croûtons avec l'huile et déposer sur une plaque de cuisson tapissée d'une feuille de papier parchemin. Faire griller au four de 8 à 10 minutes à 190 °C (375 °F).

**4 poivrons rouges** ❶

**2 oignons** ❷
hachés

**1 carotte** ❸
coupée en dés

**Tomates broyées** ❹
1 boîte de 796 ml

**Bouillon de légumes** ❺
500 ml (2 tasses)

**PRÉVOIR AUSSI :**
➤ **Huile d'olive**
45 ml (3 c. à soupe)

**FACULTATIF :**
➤ **Ail** haché
10 ml (2 c. à thé)

# Crème de tomates et poivrons rôtis

Préparation : **15 minutes** • Cuisson : **1 heure** • Quantité : **de 6 à 8 portions**

## Préparation

Préchauffer le four à 205 °C (400 °F).

Déposer les poivrons entiers sur une plaque de cuisson. Rôtir au four 30 minutes, jusqu'à ce que la peau soit gonflée et légèrement noircie.

Déposer les poivrons dans un sac de plastique et laisser tiédir 15 minutes. Peler la peau des poivrons et couper en quartiers. Retirer le pédoncule et les pépins.

Dans une casserole, chauffer l'huile à feu moyen. Faire dorer les oignons avec la carotte et les poivrons. Ajouter les tomates broyées, le bouillon de légumes et, si désiré, l'ail. Laisser mijoter 30 minutes à feu doux.

À l'aide du mélangeur, réduire en potage. Saler et poivrer.

| PAR PORTION | |
|---|---|
| Calories | 85 |
| Protéines | 2 g |
| Matières grasses | 5 g |
| Glucides | 8 g |
| Fibres | 2 g |
| Fer | 1 mg |
| Calcium | 38 mg |
| Sodium | 327 mg |

## Idée pour accompagner

### Lanières de courgettes

À l'aide d'un éplucheur ou d'une mandoline, couper 1 courgette en grosses lanières. Arroser de 15 ml (1 c. à soupe) d'huile d'olive et saupoudrer de 10 ml (2 c. à thé) de ciboulette hachée. Nouer et déposer sur la soupe.

# Poisson et fruits de mer

Du tataki à la coquille Saint-Jacques en passant
par les filets en sauce, toutes les manières d'apprêter
les merveilles de la mer sont bonnes! Découvrez
des idées parfaites pour satisfaire les fervents...
comme les plus réticents.

# Coulibiac de truite et légumes

Préparation : **15 minutes** • Cuisson : **35 minutes** • Quantité : **6 portions**

**1 poireau**
émincé
ou 1 sac de 250 g

**Bébés épinards**
1 contenant de 142 g

**Pâte feuilletée**
décongelée
1 paquet de 400 g

**Truite**
cuite et émiettée
625 ml (2 ½ tasses)

**Truite fumée**
1 paquet de 70 g

PRÉVOIR AUSSI :
➤ **Huile d'olive**
30 ml (2 c. à soupe)

➤ **Œuf**
1 jaune battu
avec un peu d'eau

FACULTATIF :
➤ 8 **champignons**
émincés

Préchauffer le four à 205 °C (400 °F).

Dans une poêle, chauffer l'huile à feu moyen. Cuire le poireau et, si désiré, les champignons de 4 à 5 minutes en remuant.

Ajouter les bébés épinards et cuire de 3 à 4 minutes en remuant. Saler et poivrer. Retirer du feu et laisser tiédir.

Sur une surface farinée, abaisser la moitié de la pâte en un rectangle de 25 cm x 20 cm (10 po x 8 po) et l'autre moitié en un rectangle de 28 cm x 23 cm (11 po x 9 po).

Déposer la plus petite abaisse sur une plaque de cuisson tapissée de papier parchemin. Répartir la moitié du mélange de légumes sur la pâte en réservant un pourtour de 2 cm (¾ de po). Couvrir de la truite cuite, puis de la truite fumée.

Couvrir avec le reste des légumes. Badigeonner le pourtour de la pâte avec le jaune d'œuf battu.

Déposer la deuxième abaisse sur la préparation et presser pour sceller le pourtour. Badigeonner la pâte avec le jaune d'œuf.

Si désiré, tailler des décorations dans les restes de pâte. Déposer les décorations sur le coulibiac et badigeonner de jaune d'œuf battu.

Cuire au four 35 minutes.

| PAR PORTION | |
|---|---|
| Calories | 560 |
| Protéines | 23 g |
| Matières grasses | 36 g |
| Glucides | 37 g |
| Fibres | 3 g |
| Fer | 4 mg |
| Calcium | 110 mg |
| Sodium | 319 mg |

## Idée pour accompagner

### Sauce au vin blanc et aneth

Dans une casserole, faire fondre 15 ml (1 c. à soupe) de beurre à feu moyen. Cuire 60 ml (¼ de tasse) d'échalotes sèches hachées de 1 à 2 minutes. Verser 125 ml (½ tasse) de vin blanc et chauffer jusqu'à ce que le liquide ait réduit des trois quarts. Verser 180 ml (¾ de tasse) de crème à cuisson 15 % et laisser mijoter de 4 à 5 minutes à feu doux-moyen. Ajouter 60 ml (¼ de tasse) d'aneth haché. Saler et poivrer.

**Croustilles nature** ①
½ sac de 200 g

**Ciboulette** ②
hachée
30 ml (2 c. à soupe)

**Citron** ③
15 ml (1 c. à soupe) de
zestes

**Morue** ④
605 g (1 ⅓ lb) de filets
d'environ 2 cm
(¾ de po) d'épaisseur

**Mayonnaise** ⑤
30 ml (2 c. à soupe)

# Filets de morue en croûte de chips

Préparation : **10 minutes** • Cuisson : **7 minutes** • Quantité : **4 portions**

Préchauffer le four à 205 °C (400 °F).

Déposer les croustilles dans un bol et les écraser de manière à obtenir une chapelure grossière. Incorporer la ciboulette et les zestes.

Déposer les filets de morue sur une plaque de cuisson tapissée d'une feuille de papier parchemin. Badigeonner les filets de mayonnaise et parsemer de chapelure de croustilles. Presser légèrement sur la chapelure afin qu'elle adhère au poisson.

Cuire au four de 7 à 9 minutes, jusqu'à ce que la chair du poisson se détache à la fourchette.

| PAR PORTION | |
|---|---|
| Calories | 314 |
| Protéines | 28 g |
| Matières grasses | 16 g |
| Glucides | 14 g |
| Fibres | 1 g |
| Fer | 1 mg |
| Calcium | 35 mg |
| Sodium | 218 mg |

## Idée pour accompagner

### Asperges, sauce dijonnaise à l'estragon

Dans une casserole d'eau bouillante salée, cuire 24 grosses asperges *al dente*. Égoutter. Dans la même casserole, chauffer 125 ml (½ tasse) de lait avec le contenu de ½ paquet de fromage à la crème de 250 g à feu moyen, jusqu'à ce que le fromage soit fondu. Incorporer 15 ml (1 c. à soupe) de moutarde de Dijon, 15 ml (1 c. à soupe) de moutarde à l'ancienne et 10 ml (2 c. à thé) d'estragon haché. Napper les asperges de sauce.

**Pommes de terre** ①
coupées en dés
500 ml (2 tasses)

**Mélange de légumes surgelés** ②
de type sauce
à spaghetti
375 ml (1 ½ tasse)

**Sauce Alfredo** ③
250 ml (1 tasse)

**Mélange de crevettes et pétoncles surgelés** ④
1 sac de 340 g

**Gruyère** ⑤
râpé
500 ml (2 tasses)

FACULTATIF :
➤ **Persil** haché
30 ml (2 c. à soupe)

# Coquilles Saint-Jacques

Préparation : **15 minutes** • Cuisson : **10 minutes** • Quantité : **4 portions**

Préchauffer le four à 205 °C (400 °F).

Dans une casserole d'eau bouillante salée, blanchir les dés de pommes de terre et le mélange de légumes surgelés de 2 à 3 minutes. Égoutter.

Dans la même casserole, mélanger la sauce Alfredo avec les crevettes et les pétoncles. Cuire de 1 à 2 minutes.

Incorporer les pommes de terre, les légumes, la moitié du fromage et, si désiré, le persil.

Répartir la préparation dans quatre ramequins. Couvrir avec le reste du fromage et cuire au four de 10 à 12 minutes.

| PAR PORTION | |
|---|---|
| Calories | 451 |
| Protéines | 31 g |
| Matières grasses | 26 g |
| Glucides | 24 g |
| Fibres | 3 g |
| Fer | 1 mg |
| Calcium | 723 mg |
| Sodium | 650 mg |

## Idée pour accompagner

### Tomates rôties au parfum d'érable

Sur une plaque de cuisson tapissée d'une feuille de papier parchemin, déposer deux grappes de tomates cerises orange. Napper de 30 ml (2 c. à soupe) de sirop d'érable et de 15 ml (1 c. à soupe) d'huile d'olive. Parsemer de 5 ml (1 c. à thé) de thym haché. Saler et poivrer. Cuire au four de 8 à 10 minutes à 205 °C (400 °F).

### Tilapia
4 filets
**❶**

### Citron
30 ml (2 c. à soupe)
de jus + 15 ml
(1 c. à soupe) de zestes
**❷**

### Câpres
15 ml (1 c. à soupe)
**❸**

### Beurre clarifié
60 ml (¼ de tasse)
**❹**

### Persil
haché
45 ml (3 c. à soupe)
**❺**

PRÉVOIR AUSSI :
➤ **Huile d'olive**
30 ml (2 c. à soupe)

# Tilapia piccata

Préparation : **15 minutes** • Cuisson : **5 minutes** • Quantité : **4 portions**

## Préparation

Saler et poivrer les filets de tilapia.

Dans une poêle, chauffer l'huile à feu moyen. Cuire les filets de tilapia de 2 à 3 minutes de chaque côté, jusqu'à ce qu'ils soient dorés. Réserver dans une assiette.

Dans la même poêle, mélanger le jus de citron avec les zestes de citron, les câpres et le beurre clarifié. Saler, poivrer et porter à ébullition.

Retirer du feu et incorporer le persil.

Napper les filets de tilapia avec la sauce.

| PAR PORTION | |
|---|---:|
| Calories | 312 |
| Protéines | 30 g |
| Matières grasses | 21 g |
| Glucides | 106 g |
| Fibres | 0,4 g |
| Fer | 1 mg |
| Calcium | 26 mg |
| Sodium | 227 mg |

## Idée pour accompagner

### Pâtes au parmesan

Dans une casserole d'eau bouillante salée, cuire 250 g de capellinis *al dente*. Égoutter et remettre dans la casserole. Ajouter 30 ml (2 c. à soupe) d'huile d'olive, 80 ml (⅓ de tasse) de parmesan râpé et 60 ml (¼ de tasse) de persil haché. Saler et remuer.

**Confiture d'abricots**
60 ml (¼ de tasse)

**Moutarde à l'ancienne**
15 ml (1 c. à soupe)

**Ciboulette**
hachée
15 ml (1 c. à soupe)

**Persil**
haché
15 ml (1 c. à soupe)

**Sole**
8 filets de 150 g
(⅓ de lb) chacun

PRÉVOIR AUSSI :
➤ **Huile d'olive**
15 ml (1 c. à soupe)

# Filets de sole moutarde et abricot

Préparation : **10 minutes** • Cuisson : **8 minutes** • Quantité : **4 portions**

## Préparation

Préchauffer le four à 205 °C (400 °F).

Dans un bol, mélanger la confiture d'abricots avec la moutarde, la ciboulette et le persil. Saler et poivrer.

Placer une feuille de papier parchemin sur une plaque de cuisson et badigeonner d'huile. Déposer les filets de sole sur la feuille et napper de la préparation aux abricots.

Cuire au four de 8 à 10 minutes.

| PAR PORTION | |
|---|---|
| Calories | 350 |
| Protéines | 59 g |
| Matières grasses | 6 g |
| Glucides | 13 g |
| Fibres | 0,1 g |
| Fer | 4 mg |
| Calcium | 246 mg |
| Sodium | 322 mg |

## Idée pour accompagner

### Riz pilaf au pesto de tomates séchées

Dans une casserole, faire fondre 30 ml (2 c. à soupe) de beurre à feu moyen. Cuire 1 oignon haché 1 minute. Incorporer 250 ml (1 tasse) de riz basmati. Verser 500 ml (2 tasses) de bouillon de légumes et porter à ébullition. Couvrir et cuire de 18 à 20 minutes à feu doux-moyen. Incorporer 30 ml (2 c. à soupe) de pesto aux tomates séchées.

**16 haricots verts**
ou jaunes
coupés en deux ❶

**20 crevettes moyennes**
(calibre 31/40)
crues et décortiquées ❷

**Fumet de poisson**
125 ml (½ tasse) ❸

**Crème à cuisson 15 %**
125 ml (½ tasse) ❹

**Fromage de chèvre** ❺
coupé en cubes
125 g

PRÉVOIR AUSSI :
➤ **Huile d'olive**
15 ml (1 c. à soupe)
➤ 1 **oignon** haché
➤ **Curcuma**
5 ml (1 c. à thé)

FACULTATIF :
➤ 1 **courgette**
coupée en deux
sur la longueur

# Crevettes poêlées au chèvre

Préparation : **10 minutes** • Cuisson : **5 minutes** • Quantité : **4 portions**

## Préparation

Dans une poêle, chauffer l'huile à feu moyen. Faire revenir les haricots avec les crevettes, l'oignon et, si désiré, la courgette de 2 à 3 minutes.

Verser le fumet de poisson, la crème et le fromage. Ajouter le curcuma. Saler et poivrer. Cuire de 2 à 3 minutes.

| PAR PORTION | |
|---|---|
| Calories | 439 |
| Protéines | 26 g |
| Matières grasses | 21 g |
| Glucides | 36 g |
| Fibres | 13 g |
| Fer | 3 mg |
| Calcium | 424 mg |
| Sodium | 622 mg |

## Idée pour accompagner

### Salade de roquette au bacon et noisettes

Dans un saladier, mélanger 60 ml (¼ de tasse) d'huile d'olive avec 15 ml (1 c. à soupe) de jus de citron, 60 ml (¼ de tasse) de miettes de bacon et 60 ml (¼ de tasse) de noisettes hachées. Saler et poivrer. Ajouter 750 ml (3 tasses) de roquette et 30 ml (2 c. à soupe) de ciboulette hachée.

### Saumon
4 filets sans peau ①

### Échalotes sèches ②
hachées
60 ml (¼ de tasse)

### Vinaigre balsamique ③
30 ml (2 c. à soupe)

### Sirop d'érable ④
60 ml (¼ de tasse)

### Tomates séchées ⑤
hachées
15 ml (1 c. à soupe)

PRÉVOIR AUSSI :
➤ **Huile d'olive**
30 ml (2 c. à soupe)

# Saumon érable et vinaigre balsamique

Préparation : **10 minutes** • Cuisson : **12 minutes** • Quantité : **4 portions**

## Préparation

Préchauffer le four à 205 °C (400 °F).

Déposer les filets de saumon sur une plaque de cuisson tapissée d'une feuille de papier parchemin. Badigeonner les filets avec 15 ml (1 c. à soupe) d'huile d'olive. Saler et poivrer. Cuire au four 12 minutes.

Pendant ce temps, chauffer le reste de l'huile d'olive à feu moyen dans une casserole. Cuire les échalotes 1 minute.

Ajouter le vinaigre balsamique, le sirop d'érable et les tomates séchées. Porter à ébullition et laisser mijoter de 1 à 2 minutes.

Au moment de servir, napper les filets de sauce.

| PAR PORTION | |
|---|---|
| Calories | 451 |
| Protéines | 26 g |
| Matières grasses | 31 g |
| Glucides | 17 g |
| Fibres | 0,3 g |
| Fer | 1 mg |
| Calcium | 33 mg |
| Sodium | 97 mg |

## Pour varier

### Sauce à l'abricot

Dans une casserole, chauffer 15 ml (1 c. à soupe) d'huile de canola à feu moyen. Cuire 10 ml (2 c. à thé) de gingembre haché avec 5 ml (1 c. à thé) d'ail haché 1 minute. Ajouter 30 ml (2 c. à soupe) de jus de lime, 15 ml (1 c. à soupe) de sauce soya et 180 ml (¾ de tasse) de confiture d'abricots. Saler. Cuire de 2 à 3 minutes à feu doux.

**Pétoncles gros** ①
(calibre U12)
1 sac de 350 g

**Miel** ②
60 ml (¼ de tasse)

**Citron** ③
30 ml (2 c. à soupe)
de jus

**Moutarde à l'ancienne** ④
45 ml (3 c. à soupe)

**3 tomates** ⑤
coupées en dés

PRÉVOIR AUSSI :
➤ **Huile d'olive**
15 ml (1 c. à soupe)
➤ **Beurre**
30 ml (2 c. à soupe)

FACULTATIF :
➤ **Citron**
15 ml (1 c. à soupe)
de zestes
➤ **Aneth** haché
30 ml (2 c. à soupe)

# Pétoncles poêlés miel et moutarde

Préparation : **15 minutes** • Cuisson : **5 minutes** • Quantité : **4 portions**

## Préparation

Dans une poêle, chauffer l'huile à feu moyen. Saisir les pétoncles 30 secondes de chaque côté. Retirer de la poêle et réserver.

Dans la même poêle, faire caraméliser le miel avec le beurre. Ajouter le jus de citron, la moutarde, les dés de tomates et, si désiré, les zestes de citron. Porter à ébullition.

Remettre les pétoncles dans la poêle. Si désiré, ajouter l'aneth. Cuire 1 minute.

| PAR PORTION | |
|---|---|
| Calories | 246 |
| Protéines | 16 g |
| Matières grasses | 11 g |
| Glucides | 23 g |
| Fibres | 1 g |
| Fer | 0,5 mg |
| Calcium | 32 mg |
| Sodium | 405 mg |

## Idée pour accompagner

### Riz à l'aneth

Dans une casserole, faire fondre 30 ml (2 c. à soupe) de beurre à feu moyen. Cuire 1 oignon haché et incorporer 250 ml (1 tasse) de riz basmati rincé à l'eau froide. Ajouter 500 ml (2 tasses) de bouillon de légumes. Saler et poivrer. Couvrir et cuire de 18 à 20 minutes à feu doux-moyen. Ajouter 30 ml (2 c. à soupe) d'aneth haché et 30 ml (2 c. à soupe) de persil haché. Remuer.

**Lime**
15 ml (1 c. à soupe)
de jus ➊

**Vinaigre de riz** ➋
15 ml (1 c. à soupe)

**Sauce hoisin** ➌
15 ml (1 c. à soupe)

**Sauce de poisson** ➍
15 ml (1 c. à soupe)

**Flétan** ➎
4 filets de 180 g
(environ ⅓ de lb)
chacun et de 2 cm
(¾ de po) d'épaisseur

PRÉVOIR AUSSI :
➤ **Miel**
15 ml (1 c. à soupe)
➤ **Ail** haché
10 ml (2 c. à thé)

FACULTATIF :
➤ **Lime**
10 ml (2 c. à thé)
de zestes
➤ **Coriandre** hachée
30 ml (2 c. à soupe)
➤ **Piment fort** haché
2,5 ml (½ c. à thé)

# Flétan à la marinade thaï

Préparation : **15 minutes** • Marinage : **30 minutes** • Cuisson : **10 minutes** • Quantité : **4 portions**

## Préparation

Dans un sac hermétique, mélanger le jus de lime avec le vinaigre de riz, la sauce hoisin, la sauce de poisson, le miel, l'ail et, si désiré, les zestes de lime, la coriandre et le piment fort. Ajouter le flétan et laisser mariner 30 minutes au frais.

Au moment de la cuisson, préchauffer le four à 220 °C (425 °F).

Égoutter le poisson et jeter la marinade. Déposer les filets dans un plat de cuisson huilé.

Cuire au four 10 minutes.

Régler le four à la position « gril » (*broil*) et faire griller de 1 à 2 minutes.

| PAR PORTION | |
|---|---|
| Calories | 229 |
| Protéines | 38 g |
| Matières grasses | 4 g |
| Glucides | 7 g |
| Fibres | 0,3 g |
| Fer | 2 mg |
| Calcium | 93 mg |
| Sodium | 516 mg |

## Idée pour accompagner

### Salade de radis daïkon

Dans un saladier, fouetter 60 ml (¼ de tasse) de lait de coco avec 45 ml (3 c. à soupe) de mayonnaise, 30 ml (2 c. à soupe) de miel, 15 ml (1 c. à soupe) de zestes de lime et 30 ml (2 c. à soupe) de jus de lime. Ajouter 500 ml (2 tasses) de radis daïkon coupé en julienne, les suprêmes de 2 pamplemousses roses et 2 oignons verts émincés. Saler, poivrer et remuer.

**Pesto aux tomates séchées**
60 ml (¼ de tasse) ①

**Huile d'olive** ②
60 ml (¼ de tasse)

**Tilapia** ③
4 filets de 180 g
(environ ⅓ de lb)
chacun

**Parmesan** ④
râpé
60 ml (¼ de tasse)

**Roquette** ⑤
500 ml (2 tasses)

# Tilapia au pesto de tomates séchées et roquette

Préparation : **10 minutes** • Cuisson : **8 minutes** • Quantité : **4 portions**

## Préparation

Préchauffer le four à 190 °C (375 °F).

Dans un petit bol, diluer le pesto aux tomates séchées dans l'huile d'olive. Badigeonner les filets de tilapia avec ce mélange.

Déposer les filets de tilapia sur une plaque de cuisson tapissée d'une feuille de papier parchemin. Parsemer de parmesan. Cuire au four de 8 à 10 minutes.

Répartir la roquette dans les assiettes. Déposer les filets de tilapia sur la roquette.

| PAR PORTION | |
|---|---|
| Calories | 409 |
| Protéines | 39 g |
| Matières grasses | 28 g |
| Glucides | 2 g |
| Fibres | 1 g |
| Fer | 1 mg |
| Calcium | 109 mg |
| Sodium | 289 mg |

## Idée pour accompagner

### Tomates au four à l'italienne

Dans un bol, mélanger 30 ml (2 c. à soupe) d'huile d'olive avec 15 ml (1 c. à soupe) d'épices italiennes. Sur une plaque de cuisson tapissée d'une feuille de papier parchemin, déposer 2 grappes de tomates cerises. Badigeonner avec l'huile parfumée. Cuire au four de 8 à 10 minutes à 190 °C (375 °F).

**Graines de sésame**
noires et blanches
125 ml (½ tasse) ❶

**Pistaches**
hachées
80 ml (⅓ de tasse) ❷

**Mirin**
30 ml (2 c. à soupe) ❸

**Thon**
4 steaks de 150 g
(⅓ de lb) chacun
d'environ 2 cm
(¾ de po) d'épaisseur ❹

**Huile de sésame**
non grillé
15 ml (1 c. à soupe) ❺

PRÉVOIR AUSSI :
➤ **Paprika**
5 ml (1 c. à thé)
➤ **Cassonade**
15 ml (1 c. à soupe)
➤ **Sauce soya**
30 ml (2 c. à soupe)

# Tataki de thon au sésame

Préparation : **15 minutes** • Cuisson : **2 minutes** • Quantité : **4 portions**

## Préparation

Dans un bol, mélanger les graines de sésame avec les pistaches, le paprika et la cassonade.

Dans un autre bol, mélanger le mirin avec la sauce soya.

Tremper les steaks de thon dans la préparation au mirin. Égoutter, puis enrober les steaks du mélange de graines de sésame.

Dans une poêle, chauffer l'huile à feu moyen. Cuire les steaks de thon de 1 à 2 minutes de chaque côté (ne pas trop cuire).

Couper le thon en tranches et servir immédiatement.

| PAR PORTION | |
|---|---|
| Calories | 450 |
| Protéines | 41 g |
| Matières grasses | 25 g |
| Glucides | 16 g |
| Fibres | 3 g |
| Fer | 5 mg |
| Calcium | 212 mg |
| Sodium | 485 mg |

## Idée pour accompagner

### Spaghettis de légumes

Couper en julienne 2 courgettes, 2 carottes et ¼ de rutabaga (navet jaune). Dans une poêle, chauffer 30 ml (2 c. à soupe) d'huile de sésame (non grillé) à feu moyen. Cuire les légumes de 2 à 3 minutes. Saler et poivrer. Garnir de 2 oignons verts émincés.

**8 à 9 pommes de terre** ①

**Truite** ②
coupée en petits
morceaux
755 g (1 ⅔ lb)

**Aneth** ③
haché
60 ml (¼ de tasse)

**Sauce aux quatre fromages** ④
500 ml (2 tasses)

**Mozzarella** ⑤
râpée
250 ml (1 tasse)

# Gratin de truite

Préparation : **15 minutes** • Cuisson : **45 minutes** • Quantité : **6 portions**

## Préparation

Préchauffer le four à 205 °C (400 °F).

Peler et émincer finement les pommes de terre à l'aide d'une mandoline.

Dans un bol, mélanger la truite avec l'aneth et la sauce.

Beurrer un plat de cuisson de 20 cm (8 po). Tapisser le fond avec la moitié des pommes de terre. Ajouter la préparation à la truite et le reste des pommes de terre.

Couvrir d'une feuille de papier d'aluminium et cuire au four 20 minutes.

Couvrir de fromage et prolonger la cuisson de 25 à 30 minutes, jusqu'à ce que le fromage soit coloré.

| PAR PORTION | |
|---|---|
| Calories | 489 |
| Protéines | 39 g |
| Matières grasses | 21 g |
| Glucides | 35 g |
| Fibres | 2 g |
| Fer | 2 mg |
| Calcium | 225 mg |
| Sodium | 711 mg |

## Idée pour accompagner

### Salade de roquette et noix de pin, huile aux fines herbes

Dans un saladier, mélanger 60 ml (¼ de tasse) d'huile d'olive avec 15 ml (1 c. à soupe) de vinaigre de riz, 30 ml (2 c. à soupe) de ciboulette hachée, 30 ml (2 c. à soupe) de persil haché et 15 ml (1 c. à soupe) d'estragon haché. Saler et poivrer. Ajouter 750 ml (3 tasses) de roquette et 45 ml (3 c. à soupe) de noix de pin. Remuer.

**Salami de Gênes** ①
12 tranches taillées
en lanières

**16 asperges** ②

**Liqueur de whisky
au sirop d'érable** ③
de type Sortilège ou
Coureur des Bois
60 ml (¼ de tasse)

**Sauce tomate** ④
375 ml (1 ½ tasse)

**Pétoncles moyens** ⑤
(calibre 20/30)
1 paquet de 340 g

PRÉVOIR AUSSI :
➤ **Huile d'olive**
45 ml (3 c. à soupe)

# Pétoncles aux asperges et salami, sauce tomate

Préparation : **15 minutes** • Cuisson : **10 minutes** • Quantité : **4 portions**

## Préparation

Déposer les lanières de salami dans une assiette et couvrir d'une feuille de papier absorbant. Cuire au micro-ondes de 30 à 40 secondes, jusqu'à ce que les lanières soient croustillantes.

Dans une poêle, chauffer 15 ml (1 c. à soupe) d'huile d'olive à feu moyen-élevé. Cuire les asperges de 2 à 3 minutes en remuant. Transférer dans une assiette.

Dans la même poêle, verser la liqueur de whisky et la sauce tomate. Porter à ébullition. Saler et poivrer. Laisser mijoter de 3 à 4 minutes à feu doux-moyen.

Pendant ce temps, chauffer le reste de l'huile à feu moyen dans une autre poêle. Cuire les pétoncles de 1 à 2 minutes de chaque côté. Saler et poivrer. Répartir les pétoncles dans les assiettes.

Napper chacune des portions de sauce. Garnir de morceaux d'asperges et de lanières de salami.

| PAR PORTION | |
|---|---|
| Calories | 331 |
| Protéines | 23 g |
| Matières grasses | 18 g |
| Glucides | 11 g |
| Fibres | 3 g |
| Fer | 2 mg |
| Calcium | 46 mg |
| Sodium | 831 mg |

## Idée pour accompagner

### Salade de mâche, vinaigrette au miso

Dans un saladier, mélanger 60 ml (¼ de tasse) d'huile d'olive avec 15 ml (1 c. à soupe) de vinaigre de riz, 15 ml (1 c. à soupe) de miso, 30 ml (2 c. à soupe) d'oignons verts émincés et 60 ml (¼ de tasse) d'arachides. Ajouter 750 ml (3 tasses) de mâche. Saler, poivrer et remuer.

**Beurre**
15 ml (1 c. à soupe) ①

**Ail**
5 ml (1 c. à thé) ②

**Sirop d'érable**
30 ml (2 c. à soupe) ③

**Sauce orange-gingembre**
du commerce
60 ml (¼ de tasse) ④

**Saumon**
4 filets sans peau ⑤

# Filets de saumon grillés à l'érable

Préparation : **15 minutes** • Cuisson : **15 minutes** • Quantité : **4 portions**

## Préparation

Préchauffer le four à la position « gril » (*broil*).

Dans une casserole, faire fondre le beurre à feu moyen. Ajouter l'ail et cuire de 2 à 3 minutes à feu doux.

Verser le sirop d'érable et la sauce orange-gingembre. Porter à ébullition et laisser mijoter de 4 à 5 minutes à feu moyen.

Déposer les filets de saumon sur une plaque de cuisson tapissée d'une feuille de papier parchemin. Badigeonner généreusement les deux côtés des filets avec la sauce à l'érable.

Cuire au four de 8 à 10 minutes, sur la grille du haut, jusqu'à ce que la surface du saumon soit légèrement caramélisée.

| PAR PORTION | |
|---|---|
| Calories | 419 |
| Protéines | 31 g |
| Matières grasses | 23 g |
| Glucides | 20 g |
| Fibres | 0,2 g |
| Fer | 2 mg |
| Calcium | 30 mg |
| Sodium | 230 mg |

## Version maison

### Sauce orange-gingembre

Dans une casserole, faire fondre 15 ml (1 c. à soupe) de beurre à feu moyen. Ajouter 15 ml (1 c. à soupe) de gingembre haché et cuire de 2 à 3 minutes à feu doux. Verser 60 ml (¼ de tasse) de sirop d'érable et 30 ml (2 c. à soupe) de jus d'orange. Porter à ébullition et laisser mijoter quelques minutes à feu moyen.

# Bœuf, veau, porc et agneau

Quoi de plus agréable que de se rassembler autour d'un bon repas convivial ? Ici, des viandes bien consistantes s'invitent à table pour offrir une chair fondante et bien parfumée à toute la tablée. En version classique ou réinventée, nul ne pourra y résister !

**Bœuf** ❶
795 g (1 ¾ lb) de filet

**Échalotes sèches** ❷
hachées
60 ml (¼ de tasse)

**Champignons** ❸
2 casseaux de 227 g
chacun

**Mousse de foie
de canard** ❹
coupée en dés
1 bloc de 130 g

**Pâte feuilletée** ❺
1 ½ paquet de 400 g

**PRÉVOIR AUSSI :**
➤ **Huile d'olive**
30 ml (2 c. à soupe)

➤ **Œuf**
1 jaune battu avec
un peu d'eau

# Bœuf Wellington

Préparation : **15 minutes** • Cuisson : **40 minutes** • Quantité : **de 4 à 6 portions**

## Préparation

Préchauffer le four à 180 °C (350 °F).

Dans une poêle, chauffer 15 ml (1 c. à soupe) d'huile d'olive à feu moyen. Saisir le filet de bœuf de 2 à 3 minutes. Saler, poivrer et laisser tiédir.

Dans une autre poêle, chauffer le reste de l'huile à feu moyen. Cuire les échalotes avec les champignons de 3 à 4 minutes, jusqu'à ce qu'il n'y ait plus de liquide. Laisser tiédir.

Incorporer la mousse de foie de canard et, si désiré, le persil. Saler et poivrer.

Sur une surface farinée, abaisser la pâte en un rectangle de 25 cm x 20 cm (10 po x 8 po). Étendre la préparation aux champignons sur la pâte.

Déposer le filet au centre de la pâte feuilletée. Rabattre la pâte sur le filet afin de bien le couvrir. Déposer sur une plaque de cuisson tapissée d'une feuille de papier parchemin, joint dessous. Badigeonner la pâte de jaune d'œuf.

Cuire au four de 40 à 45 minutes.

Retirer du four et laisser reposer 10 minutes avant de le trancher.

| PAR PORTION | |
| --- | --- |
| Calories | 908 |
| Protéines | 42 g |
| Matières grasses | 60 g |
| Glucides | 50 g |
| Fibres | 2 g |
| Fer | 8 mg |
| Calcium | 48 mg |
| Sodium | 426 mg |

## Idées pour accompagner

### Sauce au porto et poivre

Dans une casserole, faire fondre 30 ml (2 c. à soupe) de beurre à feu moyen. Cuire 60 ml (¼ de tasse) d'échalotes sèches hachées de 1 à 2 minutes. Verser 250 ml (1 tasse) de porto rouge et laisser réduire de moitié. Verser 250 ml (1 tasse) de sauce demi-glace et 60 ml (¼ de tasse) de sirop d'érable. Laisser réduire de moitié, jusqu'à l'obtention d'une consistance sirupeuse. Saler et poivrer.

### Asperges et tomates cerises poêlées

Dans une poêle, chauffer 15 ml (1 c. soupe) d'huile d'olive avec 15 ml (1 c. à soupe) de beurre à feu moyen. Cuire 300 g (⅔ de lb) d'asperges coupées en morceaux de 2 à 3 minutes. Ajouter de 20 à 25 tomates cerises, 30 ml (2 c. à soupe) de ciboulette hachée et 15 ml (1 c. à soupe) de sarriette hachée. Saler et poivrer. Cuire de 1 à 2 minutes.

**FACULTATIF :**
➤ **Persil** haché
30 ml (2 c. à soupe)

**Farine** ❶
60 ml (¼ de tasse)

**Veau de lait** ❷
4 escalopes de 150 g
(⅓ de lb) chacune

**Poivre rose** ❸
15 ml (1 c. à soupe)

**Vin blanc sec** ❹
100 ml (⅓ de tasse +
4 c. à thé)

**Sauce Alfredo** ❺
du commerce
410 ml (1 ⅔ tasse)

**PRÉVOIR AUSSI :**
➤ **Huile d'olive**
30 ml (2 c. à soupe)

# Escalopes de veau Alfredo

Préparation : **15 minutes** • Cuisson : **6 minutes** • Quantité : **4 portions**

## Préparation

Préchauffer le four à 180 °C (350 °F).

Si désiré, cuire les pâtes *al dente* dans une casserole d'eau bouillante salée. Égoutter.

Pendant ce temps, verser la farine dans une assiette creuse. Fariner les escalopes de veau.

Dans une poêle, chauffer l'huile à feu moyen. Cuire les escalopes 2 minutes de chaque côté. Transférer dans une assiette. Couvrir d'une feuille de papier d'aluminium et réserver dans le four chaud.

Retirer le surplus de gras contenu dans la poêle. Dans la même poêle, déposer le poivre rose et, si désiré, les tranches d'olives. Déglacer avec le vin blanc et laisser mijoter 2 minutes à feu moyen, jusqu'à ce que le liquide ait réduit de moitié.

Incorporer la sauce Alfredo. Remuer jusqu'à l'obtention d'un mélange homogène. Servir avec les escalopes.

| PAR PORTION | |
|---|---|
| Calories | 439 |
| Protéines | 37 g |
| Matières grasses | 23 g |
| Glucides | 17 g |
| Fibres | 2 g |
| Fer | 2 mg |
| Calcium | 178 mg |
| Sodium | 644 mg |

## Version maison

### Sauce Alfredo

Dans une casserole, porter à ébullition 250 ml (1 tasse) de crème à cuisson 15 % avec 125 ml (½ tasse) de vin blanc. Incorporer 125 ml (½ tasse) de parmesan frais râpé, 1 oignon haché et 5 ml (1 c. à thé) d'ail haché. Saler et poivrer. Chauffer jusqu'à ce que la préparation ait réduit du quart.

**FACULTATIF :**
➤ **Capellinis**
1 paquet de 250 g

➤ **Olives vertes**
tranchées
250 ml (1 tasse)

Recette de Robert Bolduc, chef cuisinier

**8 champignons** 1
émincés

**Noix de pin** 2
60 ml (¼ de tasse)

**Canneberges séchées** 3
80 ml (⅓ de tasse)

**Parmesan râpé** 4
60 ml (¼ de tasse)

**Porc** 5
650 g (environ 1 ½ lb)
de filet

**PRÉVOIR AUSSI :**
➤ **Beurre**
15 ml (1 c. à soupe)
➤ ½ **oignon** haché
➤ **Huile d'olive**
15 ml (1 c. à soupe)

**FACULTATIF :**
➤ 4 **shiitakes** émincés
➤ **Persil** haché
30 ml (2 c. à soupe)

# Filet de porc farci aux champignons, canneberges et noix de pin

Préparation : **15 minutes** • Cuisson : **20 minutes** • Quantité : **4 portions**

## Préparation

Préchauffer le four à 205 °C (400 °F).

Dans une poêle, faire fondre le beurre à feu moyen. Cuire les champignons avec l'oignon et, si désiré, les shiitakes 2 minutes.

Ajouter les noix de pin, les canneberges et, si désiré, le persil. Saler et poivrer. Retirer du feu. Laisser tiédir, puis ajouter le parmesan.

Inciser le filet de porc en deux sur l'épaisseur sans le couper complètement. Farcir le filet avec la préparation aux champignons et ficeler.

Dans une poêle allant au four, chauffer l'huile à feu moyen. Saisir le filet sur toutes les faces, puis cuire au four 20 minutes.

Retirer du four et couvrir d'une feuille de papier d'aluminium, sans serrer. Laisser reposer 5 minutes avant de trancher le filet.

| PAR PORTION | |
|---|---|
| Calories | 376 |
| Protéines | 41 g |
| Matières grasses | 16 g |
| Glucides | 17 g |
| Fibres | 2 g |
| Fer | 3 mg |
| Calcium | 88 mg |
| Sodium | 210 mg |

## Idée pour accompagner

### Sauce au parfum d'érable et pacanes

Dans une casserole, chauffer 80 ml (⅓ de tasse) de sirop d'érable de 2 à 3 minutes à feu moyen. Ajouter 80 ml (⅓ de tasse) de pacanes et 250 ml (1 tasse) de sauce demi-glace. Porter à ébullition, puis laisser mijoter de 4 à 5 minutes à feu doux.

**1 oignon**
émincé
**1**

**Sauce soya** **2**
15 ml (1 c. à soupe)

**Bœuf** **3**
1 rôti français
d'intérieur de ronde
lardé de 900 g (2 lb)

**Moutarde de Dijon** **4**
15 ml (1 c. à soupe)

**Basilic séché** **5**
5 ml (1 c. à thé)

**PRÉVOIR AUSSI :**
➤ **Huile d'olive**
15 ml (1 c. à soupe)

**FACULTATIF :**
➤ **Sel de céleri**
1,25 ml (¼ de c. à thé)

# Rôti de bœuf à la moutarde

Préparation : **15 minutes** • Cuisson : **20 minutes** • Quantité : **de 6 à 8 portions**

## Préparation

Préchauffer le four à 230 °C (450 °F).

Tapisser le fond d'un plat de cuisson avec l'oignon. Verser la sauce soya et saler. Retirer la bande de gras qui entoure le rôti et déposer sur l'oignon. Déposer le rôti sur la bande de gras.

Dans un bol, mélanger la moutarde avec le basilic séché, l'huile d'olive et, si désiré, le sel de céleri. Poivrer.

Badigeonner le dessus du rôti avec la sauce à la moutarde. Verser 80 ml (⅓ de tasse) d'eau froide au fond du plat. Cuire au four 15 minutes.

Poursuivre la cuisson 5 minutes à 180 °C (350 °F), jusqu'à ce que la température interne de la viande atteigne 63 °C (145 °F) sur un thermomètre à cuisson, pour une cuisson mi-saignante, ou 71 °C (160 °F), pour une cuisson à point.

Retirer du four et couvrir d'une feuille de papier d'aluminium, sans serrer. Laisser reposer 15 minutes.

Trancher finement le rôti.

| PAR PORTION | |
|---|---|
| Calories | 170 |
| Protéines | 24 g |
| Matières grasses | 7 g |
| Glucides | 1 g |
| Fibres | 0,2 g |
| Fer | 2 mg |
| Calcium | 11 mg |
| Sodium | 215 mg |

## Idée pour accompagner

### Sauce de Grand-maman

Dans une poêle, chauffer 15 ml (1 c. à soupe) d'huile d'olive à feu moyen. Faire revenir 60 ml (¼ de tasse) d'échalotes sèches hachées et 2 gousses d'ail émincées de 2 à 3 minutes. Ajouter le jus de la viande et l'oignon contenus dans le plat de cuisson (voir recette ci-dessus). Ajouter 250 ml (1 tasse) de bouillon de bœuf, le contenu de 1 sachet de sauce demi-glace de 300 ml et 5 ml (1 c. à thé) d'origan séché. Poivrer. Porter à ébullition, puis laisser mijoter de 2 à 3 minutes. Pour une sauce plus épaisse, délayer 15 ml (1 c. à soupe) de fécule de maïs dans 30 ml (2 c. à soupe) d'eau froide et incorporer à la sauce.

Recette de Suzanne Routhier-De Rouet

**Veau**
4 médaillons de 115 g
(¼ de lb) chacun

**1**

**Fromage Oka**
coupé en tranches
200 g

**2**

**Sauge**
4 feuilles

**3**

**Sirop d'érable**
80 ml (⅓ de tasse)

**4**

**Citron**
15 ml (1 c. à soupe)
de zestes

**5**

**PRÉVOIR AUSSI :**
➤ **Huile d'olive**
15 ml (1 c. à soupe)

# Médaillons de veau farcis au fromage Oka et sauge

Préparation : **15 minutes** • Cuisson : **8 minutes** • Quantité : **4 portions**

## Préparation

Préchauffer le four à 190 °C (375 °F).

Couper les médaillons aux trois quarts sur l'épaisseur, sans les couper complètement.

Farcir les médaillons avec le fromage Oka et 1 feuille de sauge. Maintenir les médaillons fermés avec des cure-dents.

Dans une poêle allant au four, chauffer l'huile à feu moyen. Saisir les médaillons 1 minute de chaque côté.

Ajouter le sirop d'érable et les zestes de citron. Saler et poivrer. Cuire au four 8 minutes.

| PAR PORTION | |
|---|---|
| Calories | 499 |
| Protéines | 46 g |
| Matières grasses | 26 g |
| Glucides | 19 g |
| Fibres | 1 g |
| Fer | 3 mg |
| Calcium | 582 mg |
| Sodium | 273 mg |

## Idée pour accompagner

### Riz au jasmin citron et coriandre

Rincer 250 ml (1 tasse) de riz au jasmin sous l'eau froide, jusqu'à ce que l'eau soit claire. Bien égoutter. Dans une casserole, mélanger 500 ml (2 tasses) d'eau avec 15 ml (1 c. à soupe) de zestes de citron et 15 ml (1 c. à soupe) de beurre. Saler et poivrer. Porter à ébullition. Ajouter le riz. Couvrir et cuire de 12 à 15 minutes à feu doux-moyen. Séparer les grains de riz à la fourchette et ajouter 30 ml (2 c. à soupe) de coriandre émincée.

**Porc**
755 g (1 ⅔ lb) de filet **1**

**16 oignons perlés** **2**
pelés

**2 pommes** **3**
Cortland, Spartan,
Lobo ou Paulared
pelées et émincées

**Sirop d'érable** **4**
125 ml (½ tasse)

**Bouillon de poulet** **5**
80 ml (⅓ de tasse)

**PRÉVOIR AUSSI :**
➤ **Huile d'olive**
15 ml (1 c. à soupe)

# Filet de porc aux oignons et pommes caramélisés

Préparation : **15 minutes** • Cuisson : **20 minutes** • Quantité : **4 portions**

## Préparation

Préchauffer le four à 205 °C (400 °F). Parer le filet en retirant la membrane blanche.

Dans une poêle allant au four, chauffer l'huile à feu moyen. Saisir le filet de 2 à 3 minutes sur toutes les faces. Transférer dans une assiette.

Dans la même poêle, cuire les oignons perlés avec les tranches de pommes de 3 à 4 minutes, jusqu'à ce qu'ils soient dorés.

Ajouter le sirop d'érable et le bouillon de poulet. Saler et poivrer. Porter à ébullition.

Remettre le filet dans la poêle. Compléter la cuisson au four de 16 à 18 minutes.

Retirer le filet du four. Couvrir d'une feuille de papier d'aluminium et laisser reposer de 6 à 8 minutes avant de trancher.

| PAR PORTION | |
|---|---|
| Calories | 369 |
| Protéines | 40 g |
| Matières grasses | 6 g |
| Glucides | 37 g |
| Fibres | 1 g |
| Fer | 3 mg |
| Calcium | 47 mg |
| Sodium | 136 mg |

## Idée pour accompagner

### Purée de pommes de terre et panais à la muscade

Peler 4 pommes de terre et 4 panais. Couper en morceaux et déposer dans une casserole d'eau bouillante salée. Porter à ébullition, puis cuire de 15 à 18 minutes. Égoutter et réduire en purée avec 80 ml (⅓ de tasse) de lait très chaud, 30 ml (2 c. à soupe) de beurre et 1,25 ml (¼ de c. à thé) de muscade. Saler et poivrer.

**Échalotes sèches**
hachées
45 ml (3 c. à soupe) **1**

**Câpres** **2**
égouttées
30 ml (2 c. à soupe)

**Moutarde de Dijon** **3**
15 ml (1 c. à soupe)

**Sauce Worcestershire** **4**
5 ml (1 c. à thé)

**Bœuf** **5**
450 g (1 lb) de filet
mignon

**PRÉVOIR AUSSI :**
➤ **Huile d'olive**
30 ml (2 c. à soupe)

➤ **Œufs**
2 jaunes

➤ **Tabasco**
au goût

**FACULTATIF :**
➤ **Persil** haché
60 ml (¼ de tasse)

➤ Quelques **câprons**

# Tartare de bœuf classique

Préparation : **15 minutes** • Quantité : **4 portions**

## Préparation

Dans un bol, mélanger les échalotes sèches avec les câpres, la moutarde de Dijon, la sauce Worcestershire, l'huile d'olive, les jaunes d'œufs et, si désiré, le persil. Saler et ajouter quelques gouttes de tabasco.

Tailler le filet mignon en petits dés. Incorporer les dés au premier mélange. Servir immédiatement.

Si désiré, décorer chaque tartare de câprons.

| PAR PORTION | |
|---|---|
| Calories | 257 |
| Protéines | 26 g |
| Matières grasses | 15 g |
| Glucides | 2 g |
| Fibres | 0,4 g |
| Fer | 4 mg |
| Calcium | 27 mg |
| Sodium | 292 mg |

## Idée pour accompagner

### Croûtons à la fleur d'ail, parmesan et piment d'Espelette

Couper ½ baguette de pain en 12 tranches. Dans une casserole, faire fondre 60 ml (¼ de tasse) de beurre, puis incorporer 15 ml (1 c. à soupe) de fleur d'ail dans l'huile. Badigeonner les tranches de pain avec la préparation. Saupoudrer de 5 ml (1 c. à thé) de piment d'Espelette, de 15 ml (1 c. à soupe) de parmesan frais et de fleur de sel au goût. Cuire au four de 8 à 10 minutes à 205 °C (400 °F).

**Sauce demi-glace** ❶
1 sachet de 34 g

**Porto rouge** ❷
125 ml (½ tasse)

**Jus de pomme et**
**canneberge** ❸
250 ml (1 tasse)

**Bœuf** ❹
4 biftecks de tournedos
d'intérieur de ronde

**Fromage bleu** ❺
égrainé
50 g

**PRÉVOIR AUSSI :**
➤ **Beurre**
30 ml (2 c. à soupe)

# Tournedos de bœuf au porto

Préparation : **15 minutes** • Cuisson : **4 minutes** • Quantité : **4 portions**

## Préparation

Dans une casserole, délayer le sachet de sauce demi-glace dans le porto et le jus de pomme et canneberge. Chauffer à feu moyen jusqu'aux premiers frémissements en fouettant.

Dans une poêle, faire fondre le beurre à feu moyen. Cuire les tournedos 2 minutes de chaque côté.

Déposer les tournedos dans les assiettes. Napper chaque portion de sauce et parsemer de fromage bleu.

| PAR PORTION | |
|---|---|
| Calories | 387 |
| Protéines | 38 g |
| Matières grasses | 14 g |
| Glucides | 19 g |
| Fibres | 0 g |
| Fer | 3 mg |
| Calcium | 77 mg |
| Sodium | 859 mg |

## Idée pour accompagner

### Poires épicées au vin rouge

Peler 2 poires et les couper en deux sur la longueur, puis retirer les pépins. Dans une casserole, porter à ébullition 250 ml (1 tasse) de vin rouge avec 1 bâton de cannelle et 45 ml (3 c. à soupe) de sucre. Saler et poivrer. Cuire 1 minute. Ajouter les poires dans la casserole. Cuire 10 minutes à feu doux-moyen. Égoutter.

**Agneau** ❶
1 gigot désossé
de 1,35 kg (3 lb)

**Romarin** ❷
5 tiges

**Sauce Alfredo** ❸
250 ml (1 tasse)

**Bouillon de poulet** ❹
60 ml (¼ de tasse)

**Mousse de foie
de volaille** ❺
125 ml (½ tasse)

**PRÉVOIR AUSSI :**
➤ **Huile d'olive**
15 ml (1 c. à soupe)
➤ **Basilic** haché
15 ml (1 c. à soupe)

# Gigot d'agneau, sauce Alfredo au basilic

Préparation : **15 minutes** • Cuisson : **45 minutes** • Quantité : **de 6 à 8 portions**

## Préparation

Préchauffer le four à 190 °C (375 °F).

Dans une poêle à fond épais, chauffer l'huile à feu moyen. Faire dorer le gigot de 2 à 3 minutes de chaque côté.

Dans un plat de cuisson, déposer le romarin, puis le gigot. Saler et poivrer.

Cuire au four de 45 à 60 minutes, selon la cuisson désirée. À mi-cuisson, couvrir le plat d'une feuille de papier d'aluminium.

Pendant ce temps, dans une casserole, chauffer la sauce Alfredo avec le bouillon de poulet, la mousse de foie de volaille et le basilic à feu doux-moyen. Remuer jusqu'à ce que la mousse soit fondue.

Déposer le gigot cuit sur une planche à découper. Couvrir d'une feuille de papier d'aluminium, sans serrer. Laisser reposer le gigot de 15 à 20 minutes avant de trancher. Servir avec la sauce Alfredo au basilic.

| PAR PORTION | |
|---|---|
| Calories | 281 |
| Protéines | 40 g |
| Matières grasses | 12 g |
| Glucides | 4 g |
| Fibres | 0,1 g |
| Fer | 4 mg |
| Calcium | 67 mg |
| Sodium | 337 mg |

## Pour varier

### Crème d'ail et basilic

Dans une casserole, chauffer 15 ml (1 c. à soupe) d'huile d'olive à feu moyen. Faire dorer 1 oignon haché de 1 à 2 minutes. Ajouter 8 gousses d'ail, 250 ml (1 tasse) de bouillon de poulet et 5 ml (1 c. à thé) de thym haché. Saler et poivrer. Laisser mijoter 15 minutes, jusqu'à ce que les gousses d'ail soient cuites. Verser dans le contenant du mélangeur électrique et ajouter 60 ml (¼ de tasse) de crème à cuisson 15 %. Mélanger jusqu'à l'obtention d'une consistance lisse et onctueuse. Incorporer 8 feuilles de basilic hachées.

**Ricotta**
375 ml (1 ½ tasse) **1**

**Noix de Grenoble** **2**
hachées finement
125 ml (½ tasse)

**Tomates séchées dans l'huile** **3**
hachées finement
30 ml (2 c. à soupe)

**Veau** **4**
4 escalopes de 120 g
(environ ¼ de lb)
chacune

**Prosciutto** **5**
4 tranches

# Veau farci aux noix et à la ricotta

Préparation : **15 minutes** • Cuisson : **5 minutes** • Quantité : **4 portions**

## Préparation

Dans un bol, mélanger la ricotta avec les noix de Grenoble, les tomates séchées et, si désiré, le basilic.

À l'aide d'un rouleau à pâte ou d'un attendrisseur à viande, aplatir les escalopes de veau à environ 0,5 cm (¼ de po) d'épaisseur. Saler et poivrer. Déposer une tranche de prosciutto, puis répartir la préparation à la ricotta sur chacune des escalopes.

Plier les escalopes en deux. À l'aide du côté non tranchant d'un gros couteau, sceller en pressant le pourtour. Enlever l'excédent de viande.

Fariner légèrement les escalopes. Dans une poêle antiadhésive, chauffer l'huile à feu moyen-élevé. Cuire les escalopes de 2 à 3 minutes de chaque côté.

## Idée pour accompagner

### Sauce au vin blanc

Dans une poêle, porter à ébullition 125 ml (½ tasse) de vin blanc et 160 ml (⅔ de tasse) de fond de veau. Laisser réduire de moitié à feu élevé. Incorporer 30 ml (2 c. à soupe) de beurre et chauffer jusqu'à ce que la sauce soit opaque et brillante.

| PAR PORTION | |
|---|---|
| Calories | 493 |
| Protéines | 42 g |
| Matières grasses | 32 g |
| Glucides | 10 g |
| Fibres | 1 g |
| Fer | 2 mg |
| Calcium | 228 mg |
| Sodium | 429 mg |

**PRÉVOIR AUSSI :**
➤ **Farine**
45 ml (3 c. à soupe)
➤ **Huile d'olive**
30 ml (2 c. à soupe)

**FACULTATIF :**
➤ **Basilic** haché
10 ml (2 c. à thé)
ou 2,5 ml (½ c. à thé)
de basilic séché

Recette de Ève Godin, nutritionniste

**Bœuf** ❶
1 rôti français de 900 g
(2 lb)

**Beurre** ❷
ramolli
90 ml (6 c. à soupe)

**Moutarde sèche** ❸
20 ml (4 c. à thé)

**Sauce Worcestershire** ❹
45 ml (3 c. à soupe)

**1 oignon** ❺
haché finement

**PRÉVOIR AUSSI :**
➤ **Sucre**
10 ml (2 c. à thé)
➤ **Farine**
90 ml (6 c. à soupe)

# Rosbif du dimanche

Préparation : **15 minutes** • Cuisson : **25 minutes** • Quantité : **de 4 à 6 portions**

## Préparation

Préchauffer le four à 230 °C (450 °F). Déposer le rôti dans une rôtissoire.

Dans un bol, mélanger le beurre avec la moutarde sèche, la sauce Worcestershire, l'oignon, le sucre et la farine. Poivrer. Couvrir le rôti avec la pâte obtenue.

Couvrir la rôtissoire d'une feuille de papier d'aluminium et cuire au four 24 minutes pour une cuisson rosée, jusqu'à ce que la température interne de la viande atteigne 71 °C (160 °F) sur un thermomètre à cuisson.

Lorsque le rôti est cuit, retirer la croûte de pâte. Couvrir le rôti d'une feuille de papier d'aluminium et laisser reposer 10 minutes avant de trancher.

| PAR PORTION | |
|---|---|
| Calories | 387 |
| Protéines | 38 g |
| Matières grasses | 18 g |
| Glucides | 19 g |
| Fibres | 1 g |
| Fer | 4 mg |
| Calcium | 33 mg |
| Sodium | 861 mg |

## Idées pour accompagner

### Sauce au foie gras

Dans une casserole, déposer le contenu de 2 boîtes de consommé de bœuf de 284 ml chacune et 1 gros morceau de foie gras de canard. Porter à ébullition en remuant. Filtrer la sauce dans un tamis fin et servir avec le rôti.

### Purée de pommes de terre à l'ail

Couper de 6 à 8 pommes de terre à chair rouge en cubes en conservant la pelure. Dans une casserole d'eau bouillante salée, cuire les pommes de terre jusqu'à tendreté. Égoutter et réduire en purée avec 15 ml (1 c. à soupe) d'ail haché, 60 ml (¼ de tasse) de parmesan râpé, 125 ml (½ tasse) de lait chaud et 30 ml (2 c. à soupe) de beurre. Saler et poivrer.

Recette de Myriam Noël

**Mangue**
fraîche ou surgelée
taillée en cubes
375 ml (1 ½ tasse)

**1**

**Gingembre**
haché
30 ml (2 c. à soupe)

**2**

**Miel**
60 ml (¼ de tasse)

**3**

**Bouillon de poulet**
250 ml (1 tasse)

**4**

**Porc**
2 filets de 300 g
(⅔ de lb) chacun

**5**

**PRÉVOIR AUSSI :**
➤ **Huile d'olive**
45 ml (3 c. à soupe)

➤ **2 oignons**
hachés

**FACULTATIF :**
➤ **Curcuma**
10 ml (2 c. à thé)

# Filets de porc, sauce mangue et miel

Préparation : **15 minutes** • Cuisson : **10 minutes** • Quantité : **4 portions**

## Préparation

Dans une casserole, chauffer 30 ml (2 c. à soupe)
d'huile d'olive à feu moyen. Cuire les oignons de
1 à 2 minutes, sans les colorer.

Ajouter les cubes de mangue et le gingembre. Cuire
5 minutes à feu doux.

Incorporer le miel, le bouillon de poulet et, si désiré,
le curcuma. Saler et poivrer. Cuire 5 minutes.

Retirer du feu et laisser tiédir. Réduire la sauce en purée.

Dans une poêle, chauffer le reste de l'huile à feu moyen.
Saisir les filets de porc sur toutes les faces de 2 à
3 minutes.

Verser la sauce et laisser mijoter de 10 à 15 minutes
à feu doux, jusqu'à ce que la température interne
de la viande atteigne 68 °C (155 °F) sur un thermomètre
à cuisson.

| PAR PORTION | |
|---|---|
| Calories | 361 |
| Protéines | 34 g |
| Matières grasses | 13 g |
| Glucides | 28 g |
| Fibres | 2 g |
| Fer | 3 mg |
| Calcium | 21 mg |
| Sodium | 185 mg |

## Idée pour accompagner

### Bok choys aux amandes grillées

Dans une casserole d'eau bouillante salée, blanchir
6 bok choys 5 minutes. Égoutter. Dans un bol, mélanger 45 ml (3 c. à soupe) d'huile de sésame (non grillé)
avec 60 ml (¼ de tasse) d'amandes grillées. Saler
et poivrer. Couper les bok choys en deux et napper
d'huile aux amandes.

# Poulet et volaille

La volaille est sans contredit un *must* pour recevoir ! En plus de faire l'unanimité, cette viande saine s'accorde à nombre de saveurs et se laisse réinventer de mille et une façons !

**Veau haché** ①
340 g (¾ de lb)

**Pistaches** ②
hachées
125 ml (½ tasse)

**Canneberges séchées** ③
80 ml (⅓ de tasse)

**Dinde** ④
2 poitrines de 700 g
(environ 1 ½ lb)
chacune

**Sauce demi-glace** ⑤
500 ml (2 tasses)

**PRÉVOIR AUSSI :**
➤ **1 œuf** battu
➤ **Huile d'olive**
30 ml (2 c. à soupe)
➤ **Bouillon
de poulet**
250 ml (1 tasse)

# Poitrines de dinde farcies aux pistaches et canneberges

Préparation : **15 minutes** • Cuisson : **1 heure 15 minutes** • Quantité : **8 portions**

## Préparation

Préchauffer le four à 205 °C (400 °F).

Mélanger le veau avec les pistaches, les canneberges et l'œuf.

Couper les poitrines en deux sur l'épaisseur, sans les trancher complètement. Farcir avec la préparation au veau. Maintenir fermées avec des cure-dents.

Dans une poêle allant au four, chauffer l'huile à feu moyen. Faire dorer les poitrines.

Verser la sauce demi-glace et le bouillon. Saler et poivrer. Cuire au four de 1 heure 15 minutes à 1 heure 30 minutes, jusqu'à ce que la température de la farce atteigne 82 °C (180 °F) sur un thermomètre à cuisson.

Retirer du four et couvrir de papier d'aluminium, sans serrer. Laisser reposer 10 minutes avant de trancher.

Filtrer la sauce et servir avec les poitrines.

| PAR PORTION | |
|---|---|
| Calories | 377 |
| Protéines | 53 g |
| Matières grasses | 12 g |
| Glucides | 11 g |
| Fibres | 1 g |
| Fer | 2 mg |
| Calcium | 37 mg |
| Sodium | 536 mg |

## Idées pour accompagner

### Gratin dauphinois aux patates douces et pommes de terre

Porter à ébullition 750 ml (3 tasses) de lait avec 15 ml (1 c. à soupe) d'ail haché et 2,5 ml (½ c. à thé) de muscade. Saler et poivrer. Hors du feu, incorporer 2 fromages Sir Laurier de 170 g chacun coupés en cubes. Peler 4 patates douces et 8 pommes de terre à chair jaune, puis les trancher finement. Beurrer un plat de cuisson de 33 cm x 23 cm (13 po x 9 po). Déposer la moitié des pommes de terre dans le plat. Napper avec la moitié de la préparation au fromage. Couvrir de patates douces. Verser le reste de la préparation au fromage. Couvrir avec le reste des pommes de terre. Cuire au four de 1 heure 15 minutes à 1 heure 30 minutes à 180 °C (350 °F).

### Salade tiède de haricots verts à l'orange

Blanchir 750 g de haricots verts de 3 à 4 minutes dans l'eau bouillante salée. Rincer sous l'eau froide et égoutter. Couper en morceaux. Prélever le zeste de 1 orange et les suprêmes de 4 oranges. Presser les membranes au-dessus d'un bol afin de récupérer le jus. Dans une poêle, porter à ébullition le jus et le zeste d'orange avec 125 ml (½ tasse) d'huile d'olive, 1 petit oignon rouge émincé et 30 ml (2 c. à soupe) de moutarde à l'ancienne. Saler et poivrer. Ajouter les haricots, les suprêmes d'orange et 60 ml (¼ de tasse) de noix de pin grillées.

# Poitrines de poulet pomme-cheddar

Préparation : **15 minutes** • Cuisson : **12 minutes** • Quantité : **4 portions**

**1 pomme Cortland** ❶
coupée en dés

**Cheddar fort** ❷
râpé
125 ml (½ tasse)

**Poulet** ❸
4 poitrines sans peau

**Bouillon de poulet** ❹
250 ml (1 tasse)

**Sirop d'érable** ❺
60 ml (¼ de tasse)

PRÉVOIR AUSSI :
➤ **Huile d'olive**
15 ml (1 c. à soupe)
➤ **Fécule de maïs**
15 ml (1 c. à soupe)
➤ **Moutarde de Dijon**
15 ml (1 c. à soupe)

FACULTATIF :
➤ **Ciboulette** hachée
30 ml (2 c. à soupe)

## Préparation

Dans un bol, mélanger les dés de pomme avec le fromage et, si désiré, la ciboulette.

Inciser les poitrines en deux sur l'épaisseur, sans les couper complètement. Farcir les poitrines avec la préparation à la pomme et les maintenir fermées à l'aide de cure-dents.

Dans une poêle, chauffer l'huile à feu moyen. Cuire les poitrines de 12 à 15 minutes, en les retournant à mi-cuisson. Déposer dans une assiette et couvrir d'une feuille de papier d'aluminium, sans serrer.

Dans un bol, délayer la fécule de maïs dans le bouillon de poulet. Incorporer le sirop d'érable et la moutarde.

Verser la sauce dans la poêle chaude. Porter à ébullition et cuire de 2 à 3 minutes en remuant. Filtrer la sauce, au besoin.

| PAR PORTION | |
|---|---|
| Calories | 324 |
| Protéines | 35 g |
| Matières grasses | 11 g |
| Glucides | 20 g |
| Fibres | 1 g |
| Fer | 1 mg |
| Calcium | 143 mg |
| Sodium | 342 mg |

## Idée pour accompagner

### Pommes de terre Fingerling à la fleur de sel

Couper en deux sur la longueur de 12 à 15 pommes de terre Fingerling ou grelots. Dans un bol, mélanger les pommes de terre avec 30 ml (2 c. à soupe) d'huile d'olive et 15 ml (1 c. à soupe) de thym haché. Poivrer. Étaler les pommes de terre sur une plaque de cuisson tapissée d'une feuille de papier parchemin. Cuire au four 20 minutes à 180 °C (350 °F). À la sortie du four, parsemer de fleur de sel.

**Canard** ❶
4 poitrines avec peau
de 200 g (environ ½ lb)
chacune

**Sirop d'érable** ❷
125 ml (½ tasse)

**Sauce aux huîtres** ❸
30 ml (2 c. à soupe)

**Gingembre** ❹
haché
15 ml (1 c. à soupe)

**Jus de grenade** ❺
80 ml (⅓ de tasse)

PRÉVOIR AUSSI :
➤ **Vinaigre de riz**
15 ml (1 c. à soupe)

# Poitrines de canard laquées à l'érable et grenade

Préparation : **15 minutes** • Cuisson : **8 minutes** • Quantité : **4 portions**

## Préparation

Laisser reposer les poitrines de canard 20 minutes à température ambiante avant la cuisson.

Avec un couteau, inciser la peau du canard en damier en prenant soin de ne pas entailler la chair.

Chauffer une poêle à feu moyen-vif. Déposer les poitrines dans la poêle du côté peau et cuire de 2 à 3 minutes. Retourner les poitrines sur le côté chair et poursuivre la cuisson de 6 à 7 minutes pour une cuisson rosée. Saler et poivrer.

Retirer les poitrines de la poêle et réserver dans une assiette. Couvrir d'une feuille de papier d'aluminium. Retirer l'excédent de gras de la poêle.

Dans la même poêle, chauffer de 2 à 3 minutes le sirop d'érable avec la sauce aux huîtres, le gingembre, le jus de grenade et le vinaigre de riz. Saler et poivrer.

Trancher les poitrines et napper de sauce.

| PAR PORTION | |
|---|---|
| Calories | 568 |
| Protéines | 32 g |
| Matières grasses | 36 g |
| Glucides | 31 g |
| Fibres | 0,1 g |
| Fer | 6 mg |
| Calcium | 35 mg |
| Sodium | 436 mg |

## Idée pour accompagner

### Nouilles de riz aux grains de grenade

Préparer 1 paquet de nouilles de riz pour sauté de 200 g selon les indications de l'emballage. Égoutter. Dans une poêle, chauffer 80 ml (⅓ de tasse) de bouillon de légumes à feu moyen. Ajouter les nouilles. Saler et poivrer. Cuire de 1 à 2 minutes, puis parsemer de 80 ml (⅓ de tasse) de grains de grenade.

**½ oignon rouge** ①
haché grossièrement

**Raisins rouges** ②
sans pépins
500 ml (2 tasses)

**Huile d'olive** ③
30 ml (2 c. à soupe)

**Thym** ④
4 tiges

**6 cailles entières** ⑤

# Cailles rôties aux raisins et thym

Préparation : **15 minutes** • Cuisson : **30 minutes** • Quantité : **4 portions**

## Préparation

Préchauffer le four à 220 °C (425 °F).

Dans un grand bol, mélanger l'oignon rouge avec les raisins, l'huile et le thym. Saler et poivrer. Ajouter les cailles et remuer pour bien les enrober.

Sur une plaque de cuisson tapissée d'une feuille de papier parchemin, répartir les raisins et l'oignon, puis déposer les cailles.

Cuire au four 30 minutes, jusqu'à ce que les cailles soient bien dorées. Retourner les cailles au besoin en cours de cuisson.

| PAR PORTION | |
|---|---|
| Calories | 271 |
| Protéines | 20 g |
| Matières grasses | 11 g |
| Glucides | 17 g |
| Fibres | 2 g |
| Fer | 4 mg |
| Calcium | 33 mg |
| Sodium | 50 mg |

## Idée pour accompagner

### Purée de courge musquée au fromage de chèvre

Peler 1 courge musquée, puis retirer les graines et les filaments. Couper la chair et 2 pommes de terre pelées en cubes. Déposer dans un plat allant au micro-ondes avec 45 ml (3 c. à soupe) d'eau. Cuire au micro-ondes de 12 à 15 minutes à haute intensité, jusqu'à tendreté. Réduire la courge en purée. Incorporer 100 g de fromage de chèvre et 15 ml (1 c. à soupe) d'estragon haché. Saler et poivrer.

Recette de Ève Godin, nutritionniste

**Dinde**
755 g (1 ⅔ lb) de poitrine

**1**

**Sirop d'érable**
125 ml (½ tasse)

**2**

**Bouillon de poulet**
180 ml (¾ de tasse)

**3**

**Moutarde de Dijon**
30 ml (2 c. à soupe)

**4**

**Crème à cuisson 15 %**
80 ml (⅓ de tasse)

**5**

PRÉVOIR AUSSI :
➤ **Huile de canola**
15 ml (1 c. à soupe)

# Poitrine de dinde, sauce à l'érable

Préparation : **15 minutes** • Cuisson : **25 minutes** • Quantité : **4 portions**

## Préparation

Préchauffer le four à 205 °C (400 °F).

Dans une poêle allant au four, chauffer l'huile à feu moyen.

Cuire la poitrine de dinde de 2 à 3 minutes de chaque côté.

Ajouter le sirop d'érable, le bouillon de poulet et la moutarde. Saler et poivrer. Porter à ébullition et couvrir. Cuire au four de 25 à 30 minutes.

Déposer la poitrine dans une assiette et couvrir d'une feuille de papier d'aluminium, sans serrer.

Verser la crème dans la poêle et laisser mijoter à feu doux-moyen de 3 à 4 minutes, jusqu'à l'obtention d'une consistance sirupeuse.

Émincer la poitrine et servir avec la sauce.

| PAR PORTION | |
|---|---|
| Calories | 388 |
| Protéines | 45 g |
| Matières grasses | 9 g |
| Glucides | 30 g |
| Fibres | 0 g |
| Fer | 1 mg |
| Calcium | 89 mg |
| Sodium | 263 mg |

## Idée pour accompagner

### Légumes braisés

Peler et couper en bâtonnets 2 carottes, 2 panais, 1 petit rutabaga et 1 petit oignon rouge. Dans une poêle, faire fondre 30 ml (2 c. à soupe) de beurre à feu moyen. Faire revenir les légumes de 2 à 3 minutes. Verser 250 ml (1 tasse) de bouillon de poulet et 60 ml (¼ de tasse) de sirop d'érable. Ajouter 1 tige de thym. Saler et poivrer. Couvrir et porter à ébullition. Cuire au four de 25 à 30 minutes à 205 °C (400 °F).

## Poulet

**Poulet** ①
4 poitrines sans peau

**2 pommes vertes** ②
coupées en quartiers

**Sirop d'érable** ③
125 ml (½ tasse)

**Crème à cuisson 15 %** ④
125 ml (½ tasse)

**Canneberges séchées** ⑤
80 ml (⅓ de tasse)

**PRÉVOIR AUSSI :**
➤ **Huile d'olive**
15 ml (1 c. à soupe)
➤ **Bouillon de poulet**
180 ml (¾ de tasse)

**FACULTATIF :**
➤ **2 échalotes sèches** émincées
➤ **Thym** haché
5 ml (1 c. à thé)

# Poulet aux pommes et canneberges
Préparation : **15 minutes** • Cuisson : **15 minutes** • Quantité : **de 4 à 6 portions**

## Préparation

Dans une poêle, chauffer l'huile à feu moyen. Saisir les poitrines de poulet 1 minute de chaque côté. Transférer dans une assiette.

Dans la même poêle, faire dorer les quartiers de pommes de 1 à 2 minutes. Retirer et réserver dans une autre assiette.

Dans la poêle, mélanger le sirop d'érable avec le bouillon de poulet et, si désiré, les échalotes. Chauffer 5 minutes, jusqu'à ce que le liquide ait réduit de moitié.

Remettre les poitrines et les pommes dans la poêle. Ajouter la crème, les canneberges et, si désiré, le thym. Laisser mijoter de 8 à 10 minutes à feu doux-moyen.

| PAR PORTION | |
|---|---|
| Calories | 285 |
| Protéines | 24 g |
| Matières grasses | 7 g |
| Glucides | 31 g |
| Fibres | 1 g |
| Fer | 1 mg |
| Calcium | 52 mg |
| Sodium | 116 mg |

## Idée pour accompagner

### Linguines au basilic et tomates cerises

Dans une casserole d'eau bouillante salée, cuire le contenu de 1 boîte de linguines de 340 g *al dente*. Égoutter. Dans une casserole, chauffer 45 ml (3 c. à soupe) d'huile d'olive à feu moyen. Ajouter 1 échalote sèche émincée et 10 ml (2 c. à thé) d'ail émincé. Cuire de 1 à 2 minutes. Remettre les linguines dans la poêle. Ajouter 12 tomates cerises coupées en deux et 30 ml (2 c. à soupe) de basilic émincé. Saler et poivrer. Cuire 1 minute.

Recette de Dany Daigneault

**Poulet** ①
4 poitrines sans peau

**16 abricots séchés** ②
émincés

**Cheddar jaune** ③
râpé
125 ml (½ tasse)

**Yogourt nature** ④
125 ml (½ tasse)

**Sauce chili** ⑤
10 ml (2 c. à thé)

PRÉVOIR AUSSI :
➤ **Huile d'olive**
15 ml (1 c. à soupe)
➤ **Mayonnaise**
60 ml (¼ de tasse)

# Poulet farci aux abricots et cheddar

Préparation : **15 minutes** • Cuisson : **12 minutes** • Quantité : **4 portions**

## Préparation

Couper les poitrines de poulet en deux sur l'épaisseur, sans les trancher complètement.

Garnir les poitrines d'abricots, de cheddar et, si désiré, d'oignons verts. Maintenir les poitrines fermées avec un cure-dent.

Dans une poêle, chauffer l'huile d'olive à feu moyen. Cuire les poitrines de 6 à 7 minutes de chaque côté.

Dans un bol, mélanger le yogourt avec la sauce chili et la mayonnaise. Saler et poivrer. Servir avec le poulet.

| PAR PORTION | |
|---|---|
| Calories | 404 |
| Protéines | 40 g |
| Matières grasses | 22 g |
| Glucides | 9 g |
| Fibres | 1 g |
| Fer | 1 mg |
| Calcium | 181 mg |
| Sodium | 319 mg |

## Idée pour accompagner

### Asperges et poivrons en papillote

Sur une grande feuille de papier d'aluminium, déposer 20 asperges et 2 poivrons rouges émincés. Arroser de 30 ml (2 c. à soupe) d'huile d'olive et de 30 ml (2 c. à soupe) de sirop d'érable. Saler et poivrer. Replier la feuille de papier d'aluminium afin de former une papillote hermétique. Cuire au four de 12 à 15 minutes.

FACULTATIF :
➤ **2 oignons verts**
hachés

**Canard** ①
2 magrets de 350 g
(environ ¾ de lb)
chacun

**Jus d'orange** ②
80 ml (⅓ de tasse)

**Orange** ③
15 ml (1 c. à soupe)
de zestes

**Sauce demi-glace** ④
1 contenant de 284 ml

**Porto rouge** ⑤
80 ml (⅓ de tasse)

PRÉVOIR AUSSI :
➤ **Échalotes sèches**
hachées
45 ml (3 c. à soupe)

# Magret de canard orange et porto

Préparation : **15 minutes** • Cuisson : **20 minutes** • Quantité : **4 portions**

## Préparation

Préchauffer le four à 205 °C (400 °F).

Avec la lame d'un couteau, quadriller le gras des magrets de canard en faisant de légères incisions, sans toucher la chair.

Chauffer une poêle allant au four à feu doux-moyen. Cuire les magrets du côté du gras de 3 à 4 minutes, jusqu'à ce qu'ils soient dorés. Retourner les magrets et cuire au four 15 minutes.

Déposer les magrets dans une assiette et retirer le gras de cuisson de la poêle.

Dans la même poêle, cuire les échalotes de 1 à 2 minutes. Ajouter le jus d'orange, les zestes d'orange, la sauce demi-glace et le porto. Laisser mijoter de 5 à 6 minutes à feu moyen.

Couper les magrets en tranches et napper de sauce.

| PAR PORTION | |
|---|---|
| Calories | 467 |
| Protéines | 30 g |
| Matières grasses | 33 g |
| Glucides | 12 g |
| Fibres | 0,4 g |
| Fer | 5 mg |
| Calcium | 7 mg |
| Sodium | 709 mg |

## Idée pour accompagner

**Purée de céleri-rave, pommes de terre et panais**

Peler et couper en cubes 2 panais, 2 pommes de terre et 1 céleri-rave. Déposer dans une casserole d'eau salée. Porter à ébullition, puis cuire de 18 à 20 minutes. Égoutter. Déposer dans le contenant du robot culinaire et réduire en purée avec 30 ml (2 c. à soupe) de beurre. Saler et poivrer.

**Sauce au poivre** ①
1 sachet de 42 g

**2 saucisses italiennes douces** ②

**Canneberges séchées** ③
80 ml (⅓ de tasse)

**Porto blanc ou rouge** ④
125 ml (½ tasse)

**Poulet** ⑤
4 poitrines sans peau

**PRÉVOIR AUSSI :**
➤ **Huile de canola**
15 ml (1 c. à soupe)

# Poitrines de poulet farcies aux canneberges

Préparation : **15 minutes** • Cuisson : **12 minutes** • Quantité : **4 portions**

## Préparation

Préparer la sauce au poivre selon le mode de préparation indiqué sur l'emballage.

Retirer la membrane des saucisses. Déposer la chair dans un bol et mélanger avec les canneberges, 30 ml (2 c. à soupe) de porto et, si désiré, les fines herbes.

À l'aide d'un petit couteau, inciser les poitrines de poulet sur l'épaisseur.

À l'aide d'une petite cuillère, farcir les poitrines avec la préparation aux saucisses. Maintenir les poitrines fermées avec des cure-dents.

Dans une poêle, chauffer l'huile à feu moyen. Faire dorer les poitrines 1 minute de chaque côté.

Ajouter la sauce et le reste du porto. Couvrir et cuire de 10 à 12 minutes, jusqu'à ce que l'intérieur de la chair ait perdu sa teinte rosée.

| PAR PORTION | |
|---|---|
| Calories | 491 |
| Protéines | 43 g |
| Matières grasses | 23 g |
| Glucides | 19 g |
| Fibres | 1 g |
| Fer | 1 mg |
| Calcium | 21 mg |
| Sodium | 910 mg |

## Idée pour accompagner

### Riz au curcuma et ciboulette

Dans une casserole, chauffer 15 ml (1 c. à soupe) d'huile d'olive à feu moyen. Cuire 60 ml (¼ de tasse) d'échalotes sèches hachées avec 5 ml (1 c. à thé) de curcuma de 1 à 2 minutes. Ajouter 250 ml (1 tasse) de riz basmati rincé à l'eau froide et 500 ml (2 tasses) de bouillon de poulet. Saler et poivrer. Porter à ébullition. Couvrir et cuire de 18 à 20 minutes à feu doux. Incorporer 30 ml (2 c. à soupe) de ciboulette hachée.

**FACULTATIF :**
➤ **Thym** haché
5 ml (1 c. à thé)

➤ **Romarin** haché
5 ml (1 c. à thé)

**Poulet**
entier
1,5 kg (3 ⅓ lb)

**1 oignon**
coupé en quatre

**Ail**
4 gousses entières
pelées

**1 citron**
coupé en quatre

**Citron**
30 ml (2 c. à soupe)
de jus

**PRÉVOIR AUSSI :**
➤ **Laurier**
1 feuille

# Poulet rôti à la chair fondante

Préparation : **10 minutes** • Cuisson : **4 heures 45 minutes** • Quantité : **de 4 à 6 portions**

## Préparation

Préchauffer, le four à 125 °C (260 °F).

Dans la cavité du poulet, déposer l'oignon, les gousses d'ail, les quartiers de citron et la feuille de laurier. Frotter le poulet avec le jus de citron et éponger l'excédent avec du papier absorbant.

Déposer le poulet dans une rôtissoire ou dans un plat de cuisson. Attacher les cuisses avec de la ficelle de boucher. Couvrir le plat d'une feuille de papier d'aluminium et cuire au four 4 heures 45 minutes, en arrosant le poulet avec le jus de cuisson toutes les 30 minutes.

À la sortie du four, déposer le poulet sur une planche à découper. Couvrir d'une feuille de papier d'aluminium, sans serrer, et laisser reposer de 10 à 15 minutes avant de trancher.

| PAR PORTION | |
|---|---|
| Calories | 462 |
| Protéines | 31 g |
| Matières grasses | 36 g |
| Glucides | 4 g |
| Fibres | 1 g |
| Fer | 2 mg |
| Calcium | 35 mg |
| Sodium | 126 mg |

## Idée pour accompagner

### Légumes savoureux

Répartir 16 pommes de terre grelots, de 8 à 10 oignons perlés et 250 ml (1 tasse) de mini-carottes autour du poulet. À la fin de la cuisson, ajouter de 12 à 16 asperges dans la rôtissoire, replacer la feuille de papier d'aluminium sur le plat et prolonger la cuisson de 15 minutes.

## Pour varier

### Sauce au beurre parfumé

Dans un bol, mélanger 60 ml (¼ de tasse) de beurre fondu avec 5 ml (1 c. à thé) de paprika fumé, 5 ml (1 c. à thé) de poudre d'ail, 15 ml (1 c. à soupe) de poudre d'oignon, 1,25 ml (¼ de c. à thé) de piment de Cayenne, 15 ml (1 c. à soupe) de thym haché, 15 ml (1 c. à soupe) de zestes de citron et 5 ml (1 c. à thé) de sel. Badigeonner toute la surface du poulet de beurre parfumé. Déposer le poulet dans une assiette et couvrir d'une pellicule plastique. Réfrigérer 12 heures. Cuire le poulet selon les indications de la recette ci-dessus.

**Poulet** ①
1 kg (environ 2 ¼ lb)
de hauts de cuisses
sans peau

**2 carottes** ②
coupées en dés

**Champignons** ③
coupés en quartiers
250 ml (1 tasse)

**Vin rouge** ④
corsé
750 ml (3 tasses)

**Bouillon de bœuf** ⑤
250 ml (1 tasse)

**PRÉVOIR AUSSI :**
➤ **Huile de canola**
30 ml (2 c. à soupe)
➤ **Farine**
30 ml (2 c. à soupe)

**FACULTATIF :**
➤ **Oignons perlés**
250 ml (1 tasse)
➤ **Ail**
3 gousses
➤ **Thym**
½ tige

# Mijoté de poulet au vin rouge

Préparation : **15 minutes** • Cuisson : **45 minutes** • Quantité : **4 portions**

## Préparation

Dans une poêle, chauffer 15 ml (1 c. à soupe) d'huile de canola à feu moyen. Faire dorer les hauts de cuisses de 2 à 3 minutes de chaque côté. Réserver dans une assiette.

Dans la même poêle, chauffer le reste de l'huile. Faire dorer les carottes, les champignons et, si désiré, les oignons perlés et l'ail de 2 à 3 minutes. Saupoudrer de farine et remuer.

Incorporer le vin, le bouillon de bœuf et, si désiré, le thym.

Remettre le poulet dans la poêle. Cuire de 40 à 45 minutes à feu doux-moyen.

| PAR PORTION | |
|---|---|
| Calories | 556 |
| Protéines | 52 g |
| Matières grasses | 17 g |
| Glucides | 12 g |
| Fibres | 1 g |
| Fer | 4 mg |
| Calcium | 58 mg |
| Sodium | 234 mg |

## Idée pour accompagner

### Pommes de terre parisiennes au thym

Dans une poêle, faire fondre 15 ml (1 c. à soupe) de beurre à feu moyen. Ajouter le contenu de 1 sac de pommes de terre parisiennes de 500 g et 1 tige de thym hachée. Cuire de 2 à 3 minutes. Saler et poivrer. Compléter la cuisson au four de 8 à 10 minutes à 205 °C (400 °F).

# Pâtes en version chic

Parfums savamment dosés, textures riches, couleurs attrayantes... Voilà qui décrit cette section haute en saveur! Faciles à réaliser, les festins de pastas sont un gage de succès pour l'hôte de la soirée. Voyez de multiples façons de les renouveler, toutes aussi délicieuses les unes que les autres.

**Linguines** ①
1 paquet de 350 g

**Poulet** ②
3 poitrines sans peau
émincées

**Vin blanc** ③
80 ml (⅓ de tasse)

**Bouillon de poulet** ④
125 ml (½ tasse)

**Câpres** ⑤
30 ml (2 c. à soupe)

# Linguines au poulet et citron

Préparation : **15 minutes** • Cuisson : **12 minutes** • Quantité : **4 portions**

## Préparation

Dans une casserole d'eau bouillante salée, cuire les linguines *al dente*. Égoutter.

Dans une grande poêle, faire fondre le beurre à feu moyen. Cuire le poulet de 2 à 3 minutes de chaque côté. Réserver dans une assiette et couvrir d'une feuille de papier d'aluminium.

Déglacer la poêle avec le vin blanc en raclant les sucs de cuisson à l'aide d'une cuillère en bois. Verser le bouillon de poulet et porter à ébullition. Chauffer jusqu'à ce que le liquide ait réduit de moitié.

Ajouter les câpres et, si désiré, les zestes de citron et la ciboulette. Réchauffer 1 minute à feu doux-moyen en remuant.

Incorporer les linguines et le poulet. Répartir les pâtes dans les assiettes.

| PAR PORTION | |
|---|---|
| Calories | 399 |
| Protéines | 27 g |
| Matières grasses | 9 g |
| Glucides | 48 g |
| Fibres | 2 g |
| Fer | 3 mg |
| Calcium | 28 mg |
| Sodium | 153 mg |

## Idée pour accompagner

### Tomates confites

Couper 24 tomates cerises de couleurs variées en deux. Sur une plaque de cuisson tapissée d'une feuille de papier parchemin, déposer les tomates. Saupoudrer de 15 ml (1 c. à soupe) de sucre et de 15 ml (1 c. à soupe) de thym haché. Saler et poivrer. Arroser de 15 ml (1 c. à soupe) d'huile d'olive. Faire confire au four de 12 à 15 minutes à 205 °C (400 °F).

**FACULTATIF :**
➤ **Citron**
30 ml (2 c. à soupe)
de zestes
➤ **Ciboulette** hachée
45 ml (3 c. à soupe)

**PRÉVOIR AUSSI :**
➤ **Beurre**
30 ml (2 c. à soupe)

**Morilles** ❶
séchées
1 paquet de 14 g

**Tagliatelles** ❷
1 paquet de 350 g

**Bouillon de poulet** ❸
375 ml (1 ½ tasse)

**Mélange de champignons** ❹
1 paquet de 170 g

**Crème à cuisson 15 %** ❺
125 ml (½ tasse)

**PRÉVOIR AUSSI :**
➤ **Beurre**
60 ml (¼ de tasse)
➤ 1 **oignon** haché
➤ **Farine**
30 ml (2 c. à soupe)

**FACULTATIF :**
➤ **Ail** haché
15 ml (1 c. à soupe)
➤ **Parmesan** râpé
au goût

# Tagliatelles aux champignons sauvages

Préparation : **15 minutes** • Réhydratation : **30 minutes** • Cuisson : **15 minutes** • Quantité : **4 portions**

## Préparation

Réhydrater les morilles séchées dans l'eau chaude 30 minutes. Égoutter.

Dans une casserole d'eau bouillante salée, cuire les pâtes *al dente*. Égoutter.

Dans une autre casserole, faire fondre 45 ml (3 c. à soupe) de beurre à feu moyen. Cuire l'oignon et, si désiré, l'ail de 1 à 2 minutes. Saupoudrer de farine et remuer. Verser le bouillon de poulet et remuer jusqu'à ébullition. Retirer du feu et couvrir.

Dans une poêle, faire fondre le reste du beurre à feu moyen. Cuire tous les champignons de 2 à 3 minutes. Saler et poivrer.

Incorporer la préparation aux champignons à la sauce. Verser la crème. Porter à ébullition et laisser mijoter de 4 à 5 minutes à feu doux-moyen.

Au moment de servir, ajouter les pâtes à la sauce et remuer. Répartir dans les assiettes et, si désiré, parsemer de parmesan râpé.

| PAR PORTION | |
|---|---|
| Calories | 531 |
| Protéines | 16 g |
| Matières grasses | 18 g |
| Glucides | 77 g |
| Fibres | 5 g |
| Fer | 2 mg |
| Calcium | 67 mg |
| Sodium | 256 mg |

## Idée pour accompagner

### Croustillant de pepperoni cajun

Déposer 8 tranches de pepperoni dans une assiette et saupoudrer de 5 ml (1 c. à thé) d'épices cajun. Couvrir d'une feuille de papier absorbant. Cuire au micro-ondes de 1 à 2 minutes, jusqu'à ce que le pepperoni soit croustillant.

**Canard confit** ①
2 cuisses

**Estragon** ②
haché
15 ml (1 c. à soupe)

**Pâte à wontons** ③
48 feuilles

**2 petites carottes** ④
coupées en julienne

**2 petites courgettes** ⑤
coupées en julienne

PRÉVOIR AUSSI :
➤ **Œuf**
1 jaune battu
avec un peu d'eau

➤ **Bouillon de poulet**
750 ml (3 tasses)

# Raviolis au canard

Préparation : **15 minutes** • Cuisson : **10 minutes** • Quantité : **4 portions**

## Préparation

Chauffer les cuisses de canard au micro-ondes 2 minutes. Retirer l'excédent de gras et les os, puis hacher la chair. Déposer dans un bol et mélanger avec l'estragon.

Répartir la préparation au canard sur la moitié des feuilles de pâte à wontons. Badigeonner le pourtour des feuilles de jaune d'œuf. Couvrir avec les autres feuilles de pâte. Sceller les raviolis en pressant le pourtour des feuilles avec une fourchette.

Dans une casserole, porter le bouillon de poulet à ébullition. Cuire les raviolis dans le bouillon de 4 à 5 minutes, jusqu'à ce qu'ils remontent à la surface. Égoutter en prenant soin de conserver le bouillon et réserver.

Dans la même casserole, cuire les légumes dans le bouillon de 2 à 3 minutes. Égoutter en prenant soin de conserver le bouillon.

Répartir les légumes et les raviolis dans les assiettes. Napper de bouillon très chaud.

| PAR PORTION | |
|---|---|
| Calories | 454 |
| Protéines | 25 g |
| Matières grasses | 12 g |
| Glucides | 61 g |
| Fibres | 4 g |
| Fer | 5 mg |
| Calcium | 81 mg |
| Sodium | 1 023 mg |

## Pour varier

### Sauce au brie

Dans une casserole, porter à ébullition 180 ml (¾ de tasse) de crème à cuisson 15 %. Ajouter 150 g de brie coupé en dés, 10 ml (2 c. à thé) de thym et 15 ml (1 c. à soupe) de basilic émincé. Remuer jusqu'à ce que le brie soit fondu. Saler et poivrer.

**Linguines** ❶
1 paquet de 450 g

**Crème à cuisson 15 %** ❷
910 ml (3 ⅔ tasses)

**Mascarpone** ❸
180 ml (¾ de tasse)

**2 tomates** ❹
coupées en quartiers

**12 pétoncles moyens** ❺
(calibre 20/30)

**PRÉVOIR AUSSI:**
➤ Huile d'olive
250 ml (1 tasse)

**FACULTATIF:**
➤ **Origan** haché
15 ml (1 c. à soupe)

# Linguines aux pétoncles
Préparation: **15 minutes** • Cuisson: **10 minutes** • Quantité: **de 4 à 6 portions**

## Préparation

Dans une grande casserole d'eau bouillante salée, cuire les pâtes *al dente*. Égoutter.

Pendant ce temps, préparer la sauce en mélangeant 310 ml (1 ¼ tasse) d'eau avec la crème et le mascarpone. Saler.

Dans une grande poêle, chauffer 180 ml (¾ de tasse) d'huile d'olive à feu moyen. Faire revenir les quartiers de tomates 1 minute.

Verser la sauce. Incorporer les pâtes et réserver au chaud.

Dans une autre poêle, chauffer le reste de l'huile d'olive à feu moyen. Cuire les pétoncles 45 secondes. Retourner et cuire 15 secondes.

Répartir les pâtes dans quatre assiettes creuses. Garnir de pétoncles et, si désiré, parsemer d'origan haché.

| PAR PORTION | |
|---|---|
| Calories | 901 |
| Protéines | 16 g |
| Matières grasses | 71 g |
| Glucides | 54 g |
| Fibres | 5 g |
| Fer | 5 mg |
| Calcium | 450 mg |
| Sodium | 193 mg |

## Idée pour accompagner

### Poivrons rôtis aux fines herbes

Couper 2 poivrons rouges en deux et déposer sur une plaque de cuisson tapissée d'une feuille de papier parchemin. Cuire au four de 3 à 4 minutes de chaque côté à la position « gril » (*broil*), jusqu'à ce que la peau noircisse. Déposer dans un sac hermétique et laisser reposer 15 minutes. Retirer la peau et émincer les poivrons. Dans un bol, mélanger les poivrons rôtis avec 30 ml (2 c. à soupe) d'huile d'olive et 10 ml (2 c. à thé) de romarin. Saler et poivrer.

**4 lasagnes** ①

**Lait** ②
250 ml (1 tasse)

**Poulet** ③
cuit et effiloché
500 ml (2 tasses)

**Fromage caciocavallo** ④
râpé
500 ml (2 tasses)

**Sauce tomate** ⑤
500 ml (2 tasses)

**PRÉVOIR AUSSI :**
➤ **Beurre**
45 ml (3 c. à soupe)

➤ **Farine**
45 ml (3 c. à soupe)

**FACULTATIF :**
➤ **Ciboulette** hachée
60 ml (¼ de tasse)

# Rouleaux de lasagne au poulet

Préparation : **15 minutes** • Cuisson : **30 minutes** • Quantité : **4 portions (8 rouleaux)**

## Préparation

Préchauffer le four à 205 °C (400 °F).

Dans une casserole d'eau bouillante salée, cuire les lasagnes *al dente*. Égoutter.

Pendant ce temps, faire fondre le beurre à feu moyen dans une autre casserole. Cuire la farine 1 minute.

Verser le lait et porter à ébullition en fouettant. Saler et poivrer. Retirer du feu, puis ajouter le poulet, la moitié du caciocavallo et, si désiré, la ciboulette. Remuer.

Couper les lasagnes en deux morceaux égaux. Déposer 80 ml (⅓ de tasse) de préparation au poulet sur chacune des moitiés de lasagne et rouler.

Dans un plat de cuisson, étaler un peu de sauce. Déposer les rouleaux de lasagne, joint dessous. Napper avec le reste de la sauce et parsemer avec le reste du caciocavallo.

Cuire au four 30 minutes.

| PAR PORTION | |
|---|---|
| Calories | 707 |
| Protéines | 34 g |
| Matières grasses | 44 g |
| Glucides | 46 g |
| Fibres | 4 g |
| Fer | 4 mg |
| Calcium | 544 mg |
| Sodium | 1 480 mg |

## Idée pour accompagner

### Salade de roquette, tomates et amandes

Dans un saladier, fouetter 60 ml (¼ de tasse) d'huile d'olive avec 15 ml (1 c. à soupe) de vinaigre balsamique, 30 ml (2 c. à soupe) de ciboulette hachée et 60 ml (¼ de tasse) d'amandes en bâtonnets. Ajouter 16 tomates cerises de couleurs variées coupées en deux et 500 ml (2 tasses) de roquette. Saler, poivrer et remuer.

**Linguines** ①
1 paquet de 350 g

**Crevettes moyennes** ②
(calibre 31/40)
crues et décortiquées
1 sac de 350 g

**Liqueur d'agrumes** ③
de type Grand Marnier
30 ml (2 c. à soupe)

**Crème à cuisson 15 %** ④
375 ml (1 ½ tasse)

**Fromage romano** ⑤
râpé
80 ml (⅓ de tasse)

**PRÉVOIR AUSSI :**
➤ **Huile d'olive**
30 ml (2 c. à soupe)

# Linguines aux crevettes, sauce Grand Marnier

Préparation : **15 minutes** • Cuisson : **10 minutes** • Quantité : **4 portions**

## Préparation

Dans une casserole d'eau bouillante salée, cuire les pâtes *al dente*. Égoutter.

Si désiré, parer le fenouil en retirant la base et les tiges. Réserver quelques brins du feuillage pour garnir. Émincer le bulbe. Dans une poêle, chauffer l'huile à feu moyen. Faire dorer le fenouil de 2 à 3 minutes. Saler et poivrer. Réserver dans une assiette.

Dans la même poêle, cuire les crevettes de 1 à 2 minutes. Réserver dans une autre assiette.

Déglacer la poêle avec la liqueur d'agrumes en raclant le fond avec une cuillère en bois. Ajouter la crème et le fromage. Saler et poivrer.

Porter à ébullition, puis ajouter les pâtes, les crevettes et, si désiré, le fenouil. Réchauffer de 1 à 2 minutes en remuant.

Servir immédiatement dans des assiettes creuses préalablement réchauffées sous l'eau chaude. Si désiré, garnir chacune des portions de brins de fenouil.

| PAR PORTION | |
|---|---|
| Calories | 619 |
| Protéines | 34 g |
| Matières grasses | 27 g |
| Glucides | 58 g |
| Fibres | 4 g |
| Fer | 5 mg |
| Calcium | 282 mg |
| Sodium | 319 mg |

## Idée pour accompagner

### Croûtons aux tomates et basilic

Couper ½ baguette de pain sur l'épaisseur. Badigeonner avec 30 ml (2 c. à soupe) de beurre fondu. Répartir 2 tomates coupées en fines tranches sur le pain. Saler et poivrer. Cuire au four de 5 à 8 minutes à 205 °C (400 °F). Parsemer de 30 ml (2 c. à soupe) de basilic émincé. Tailler en morceaux.

**FACULTATIF :**
➤ **1 fenouil**
➤ **Orange**
15 ml (1 c. à soupe) de zestes

**Pancetta** ❶
(ou bacon)
cuite et coupée en dés
250 ml (1 tasse)

**½ oignon rouge** ❷
émincé

**Tomates italiennes** ❸
1 boîte de 796 ml

**Spaghettis** ❹
1 paquet de 350 g

**Fromage romano** ❺
80 ml (⅓ de tasse)
de copeaux

**PRÉVOIR AUSSI :**
➤ **Huile d'olive**
30 ml (2 c. à soupe)
➤ **Ail** haché
15 ml (1 c. à soupe)
➤ **Flocons de piment**
2,5 ml (½ c. à thé)

# Pastas amatriciana

Préparation : **15 minutes** • Cuisson : **20 minutes** • Quantité : **4 portions**

## Préparation

Dans une casserole, chauffer l'huile à feu moyen. Cuire la pancetta de 1 à 2 minutes.

Ajouter l'oignon rouge, l'ail et les flocons de piment. Cuire 2 minutes.

Ajouter les tomates. Saler. Couvrir et laisser mijoter 20 minutes à feu doux-moyen.

Pendant ce temps, dans une autre casserole remplie d'eau bouillante salée, cuire les pâtes *al dente*. Égoutter.

Si désiré, incorporer le persil à la sauce.

Répartir les pâtes dans les assiettes, puis napper chacune des portions de sauce. Parsemer de romano et, si désiré, de feuilles de basilic.

| PAR PORTION | |
|---|---|
| Calories | 516 |
| Protéines | 19 g |
| Matières grasses | 15 g |
| Glucides | 76 g |
| Fibres | 5 g |
| Fer | 4 mg |
| Calcium | 181 mg |
| Sodium | 628 mg |

## Idée pour accompagner

### Salade de mesclun et mozzarina

Dans un saladier, mélanger 60 ml (¼ de tasse) d'huile d'olive avec 15 ml (1 c. à soupe) de jus de citron et 30 ml (2 c. à soupe) de basilic émincé. Saler et poivrer. Ajouter le contenu de 1 paquet de mozzarina de 250 g coupée en morceaux, 250 ml (1 tasse) de mesclun et le contenu de 1 boîte de pousses de 100 g.

**FACULTATIF :**
➤ **Persil** haché
45 ml (3 c. à soupe)
➤ Feuilles de **basilic**

### Tagliatelles
1 paquet de 340 g ①

### 10 asperges ②
coupées en morceaux

### Palourdes ③
1 contenant de 142 g

### Fromage à la crème ④
au saumon fumé
1 ½ contenant de 250 g

### 12 crevettes ⑤
moyennes
(calibre 31/40)
cuites et décortiquées

# Tagliatelles aux palourdes, crevettes et asperges

Préparation : **15 minutes** • Cuisson : **10 minutes** • Quantité : **4 portions**

## Préparation

Dans une casserole d'eau bouillante salée, cuire les pâtes *al dente*. Ajouter les asperges 4 minutes avant la fin de la cuisson des pâtes. Égoutter et réserver au chaud.

Égoutter les palourdes au-dessus d'une casserole afin de récupérer le liquide de conservation. Réserver les palourdes. Porter le liquide à ébullition.

Incorporer le fromage à la crème et fouetter jusqu'à ce qu'il soit fondu.

Dans la casserole, ajouter les crevettes, les palourdes et, si désiré, la ciboulette. Poivrer. Remuer et chauffer 1 minute à feu moyen.

Répartir les pâtes dans les assiettes. Garnir d'asperges et napper de sauce.

| PAR PORTION | |
|---|---|
| Calories | 613 |
| Protéines | 25 g |
| Matières grasses | 24 g |
| Glucides | 72 g |
| Fibres | 3 g |
| Fer | 7 mg |
| Calcium | 18 mg |
| Sodium | 765 mg |

## Idée pour accompagner

### Salade de radis et concombre

Dans un saladier, fouetter 60 ml (¼ de tasse) d'huile d'olive avec 15 ml (1 c. à soupe) de jus de citron et 15 ml (1 c. à soupe) de pesto. Saler et poivrer. Ajouter 2 mini-concombres émincés, 6 radis émincés et ½ laitue frisée verte déchiquetée. Remuer.

**FACULTATIF :**
➤ **Ciboulette** hachée
30 ml (2 c. à soupe)

# Agnolottis aux bocconcinis et roquette

Préparation : **15 minutes** • Cuisson : **10 minutes** • Quantité : **4 portions**

## Préparation

Dans une casserole d'eau bouillante salée, cuire les pâtes *al dente*. Égoutter.

Dans la même casserole, chauffer l'huile à feu moyen. Cuire le poivron avec l'oignon et, si désiré, l'ail 3 minutes.

Ajouter les tomates raisins et cuire 1 minute.

Incorporer les pâtes et la roquette. Saler et poivrer. Réchauffer 1 minute en remuant.

Au moment de servir, incorporer les perles de bocconcinis.

| PAR PORTION | |
|---|---|
| Calories | 309 |
| Protéines | 11 g |
| Matières grasses | 10 g |
| Glucides | 45 g |
| Fibres | 3 g |
| Fer | 3 mg |
| Calcium | 60 mg |
| Sodium | 281 mg |

**Agnolottis au veau**
1 paquet de 350 g
**1**

**1 poivron jaune**
coupé en dés
**2**

**Tomates raisins**
coupées en deux
250 ml (1 tasse)
**3**

**Roquette**
375 ml (1 ½ tasse)
**4**

**Perles de bocconcinis**
égouttées
1 contenant de 200 g
**5**

## Idée pour accompagner

### Salade verte au bacon

Dans un saladier, mélanger 80 ml (⅓ de tasse) de vinaigrette ranch avec 80 ml (⅓ de tasse) de yogourt nature et 60 ml (¼ de tasse) de miettes de bacon. Ajouter 1 laitue romaine déchiquetée. Saler, poivrer et remuer.

**PRÉVOIR AUSSI :**
➤ **Huile d'olive**
30 ml (2 c. à soupe)
➤ ½ **oignon** émincé

**FACULTATIF :**
➤ **Ail** haché
2 gousses

**Sauce béchamel** ①
du commerce
1 sachet de 47 g

**Coquilles grosses** ②
1 paquet de 340 g

**10 champignons** ③
émincés

**24 crevettes** ④
**nordiques**

**16 pétoncles moyens** ⑤
(calibre 20/30)

**FACULTATIF :**
➤ **Citron**
15 ml (1 c. à soupe)
de zestes

➤ **Parmesan** râpé
60 ml (¼ de tasse)

**PRÉVOIR AUSSI :**
➤ **Beurre**
15 ml (1 c. à soupe)

# Pâtes coquille Saint-Jacques

Préparation : **15 minutes** • Cuisson : **10 minutes** • Quantité : **4 portions**

## Préparation

Préparer la sauce béchamel selon les indications inscrites sur l'emballage.

Pendant ce temps, cuire les pâtes *al dente* dans une casserole d'eau bouillante salée. Égoutter.

Dans une autre casserole, faire fondre le beurre à feu moyen. Cuire les champignons 2 minutes.

Incorporer la sauce béchamel, les fruits de mer et, si désiré, les zestes de citron. Saler et poivrer. Chauffer de 2 à 3 minutes à feu moyen.

Incorporer les pâtes. Répartir dans quatre assiettes préalablement réchauffées sous l'eau chaude. Si désiré, parsemer de parmesan.

| PAR PORTION | |
|---|---|
| Calories | 496 |
| Protéines | 22 g |
| Matières grasses | 13 g |
| Glucides | 71 g |
| Fibres | 4 g |
| Fer | 2 mg |
| Calcium | 129 mg |
| Sodium | 521 mg |

## Version maison

### Sauce béchamel

Dans une casserole, faire fondre 60 ml (¼ de tasse) de beurre à feu moyen. Cuire 45 ml (3 c. à soupe) d'échalotes sèches hachées 2 minutes. Saupoudrer de 60 ml (¼ de tasse) de farine. Remuer et cuire 1 minute, sans colorer la farine. Verser 60 ml (¼ de tasse) de vin blanc sec et 500 ml (2 tasses) de lait. Porter à ébullition et fouetter jusqu'à épaississement.

**½ oignon**
émincé ❶

**Sauce rosée** ❷
500 ml (2 tasses)

**12 cannellonis au veau** ❸
du commerce

**Mozzarella** ❹
râpée
250 ml (1 tasse)

**Tomates en dés avec** ❺
**épices italiennes**
égouttées
1 boîte de 540 ml

# Cannellonis au veau
# et concassé de tomates

Préparation : **10 minutes** • Cuisson : **45 minutes** • Quantité : **4 portions (12 cannellonis)**

## Préparation

Préchauffer le four à 190 °C (375 °F).

Dans un bol, mélanger l'oignon avec la sauce rosée.

Dans un plat de cuisson de 33 cm x 23 cm (13 po x 9 po), verser la moitié de la sauce. Disposer les cannellonis les uns contre les autres, joint dessous. Napper du reste de la sauce. Couvrir de mozzarella et de tomates en dés.

Cuire au four 45 minutes.

| PAR PORTION | |
|---|---|
| Calories | 360 |
| Protéines | 22 g |
| Matières grasses | 14 g |
| Glucides | 38 g |
| Fibres | 4 g |
| Fer | 5 mg |
| Calcium | 299 mg |
| Sodium | 1 249 mg |

## Version maison

### Cannellonis au veau

Dans un bol, mélanger
450 g (1 lb) de veau haché maigre avec le contenu de 1 contenant de fromage cottage de 250 g, 60 ml (¼ de tasse) de parmesan râpé, 45 ml (3 c. à soupe) de basilic haché, 1 œuf battu, 5 ml (1 c. à thé) d'ail haché, ½ oignon haché et 60 ml (¼ de tasse) de chapelure nature. Saler et poivrer. Couper 6 lasagnes fraîches en deux sur la longueur. Étaler environ 80 ml (⅓ de tasse) de farce à la base de chaque lasagne. Rouler en serrant. Cuire selon les indications de la recette ci-dessus.

**Pennes**
1 paquet de 340 g

①

**4 saucisses italiennes
piquantes**

②

**12 champignons
émincés**

③

**Sauce tomate**
du commerce
500 ml (2 tasses)

④

**Parmesan**
80 ml (⅓ de tasse)
de copeaux

⑤

**PRÉVOIR AUSSI:**
➤ **Huile d'olive**
30 ml (2 c. à soupe)

# Pennes aux champignons et saucisses italiennes

Préparation: **15 minutes** • Cuisson: **15 minutes** • Quantité: **4 portions**

## Préparation

Dans une casserole d'eau bouillante salée, cuire les pâtes *al dente*. Égoutter.

Pendant ce temps, retirer la membrane des saucisses.

Dans une casserole, chauffer l'huile à feu moyen. Cuire la chair des saucisses de 3 à 4 minutes en l'égrainant à l'aide d'une cuillère en bois.

Ajouter les champignons et cuire 2 minutes.

Verser la sauce tomate et porter à ébullition.

Incorporer les pâtes à la sauce et réchauffer 1 minute.

Garnir chacune des portions de copeaux de parmesan.

| PAR PORTION | |
|---|---|
| Calories | 532 |
| Protéines | 24 g |
| Matières grasses | 19 g |
| Glucides | 70 g |
| Fibres | 8 g |
| Fer | 5 mg |
| Calcium | 151 mg |
| Sodium | 1 058 mg |

## Version maison

### Sauce aux tomates

Dans une grande casserole, chauffer 30 ml (2 c. à soupe) d'huile d'olive. Cuire 1 oignon haché avec 10 ml (2 c. à thé) d'ail haché. Ajouter 12 tomates italiennes épépinées coupées en dés et 45 ml (3 c. à soupe) de basilic haché. Porter à ébullition. Couvrir et laisser mijoter de 20 à 25 minutes à feu doux.

**Farfalles** ❶
1 paquet de 450 g

**10 asperges** ❷
coupées en tronçons

**Crabe** ❸
2 paquets de chair
de 200 g chacun

**Sauce rosée** ❹
du commerce
500 ml (2 tasses)

**10 tomates cerises** ❺
coupées en deux

**PRÉVOIR AUSSI :**
➤ **Huile d'olive**
15 ml (1 c. à soupe)

# Farfalles crémeuses au crabe

Préparation : **15 minutes** • Cuisson : **10 minutes** • Quantité : **de 4 à 6 portions**

## Préparation

Dans une casserole d'eau bouillante salée, cuire les pâtes *al dente*. Ajouter les asperges 4 minutes avant la fin de la cuisson. Égoutter.

Dans une autre casserole, chauffer l'huile à feu moyen. Si désiré, cuire l'oignon rouge de 2 à 3 minutes à feu doux-moyen.

Ajouter la chair de crabe et la sauce rosée. Porter à ébullition en remuant de temps en temps.

Incorporer les pâtes et les tomates cerises à la sauce.

Si désiré, parsemer de basilic au moment de servir.

| PAR PORTION | |
|---|---|
| Calories | 434 |
| Protéines | 26 g |
| Matières grasses | 8 g |
| Glucides | 66 g |
| Fibres | 5 g |
| Fer | 3 mg |
| Calcium | 126 mg |
| Sodium | 915 mg |

## Version maison

### Sauce rosée

Dans une casserole, chauffer 30 ml (2 c. à soupe) d'huile d'olive à feu moyen. Saisir 1 oignon haché avec 10 ml (2 c. à thé) d'ail haché et 5 ml (1 c. à thé) de thym. Ajouter 15 ml (1 c. à soupe) de sucre, 2 tomates coupées en dés et le contenu de 1 boîte de tomates broyées de 796 ml. Porter à ébullition. Laisser mijoter 20 minutes, jusqu'à ce que le liquide ait réduit du tiers. Ajouter 250 ml (1 tasse) de crème à cuisson 15 %. Saler et poivrer. Cuire de 5 à 10 minutes à feu doux. Ajouter 15 ml (1 c. à soupe) de ciboulette hachée.

**FACULTATIF :**
➤ **½ oignon rouge**
émincé
➤ **Basilic** haché
30 ml (2 c. à soupe)

**Porc haché maigre** ①
450 g (1 lb)

**16 coquilles géantes** ②

**Canneberges séchées** ③
125 ml (½ tasse)

**Sauce tomate** ④
500 ml (2 tasses)

**Mozzarella** ⑤
râpée
250 ml (1 tasse)

**PRÉVOIR AUSSI :**
➤ **Huile d'olive**
30 ml (2 c. à soupe)

➤ **Bouillon
de légumes**
250 ml (1 tasse)

➤ **Chapelure nature**
125 ml (½ tasse)

# Coquilles gratinées au porc et canneberges

Préparation : **15 minutes** • Cuisson : **25 minutes** • Quantité : **4 portions**

## Préparation

Dans une poêle, chauffer l'huile à feu moyen. Si désiré, faire dorer les oignons.

Ajouter le porc haché et le bouillon de légumes. Cuire de 8 à 10 minutes à feu moyen en égrainant la viande à l'aide d'une cuillère en bois.

Laisser mijoter à feu doux jusqu'à la réduction complète du liquide. Retirer du feu et laisser tiédir.

Pendant ce temps, cuire les coquilles *al dente* dans une casserole d'eau bouillante salée. Égoutter.

Préchauffer le four à 190 °C (375 °F).

Lorsque le mélange de porc est tiède, incorporer les canneberges, la chapelure et, si désiré, le basilic. Farcir les coquilles avec la préparation.

Dans un plat de cuisson, verser la sauce tomate. Déposer les coquilles côte à côte. Parsemer de mozzarella. Cuire au four de 15 à 20 minutes, jusqu'à ce que le fromage soit gratiné.

| PAR PORTION | |
|---|---|
| Calories | 684 |
| Protéines | 36 g |
| Matières grasses | 33 g |
| Glucides | 62 g |
| Fibres | 5 g |
| Fer | 4 mg |
| Calcium | 238 mg |
| Sodium | 990 mg |

## Idée pour accompagner

**Salade de mâche aux pacanes**

Dans un saladier, mélanger 60 ml (¼ de tasse) d'huile d'olive avec 15 ml (1 c. à soupe) de vinaigre de xérès, 80 ml (⅓ de tasse) de pacanes et 1 petit oignon rouge émincé. Saler et poivrer. Incorporer 500 ml (2 tasses) de mâche.

**FACULTATIF :**
➤ 2 **oignons** hachés
➤ **Basilic** haché
30 ml (2 c. à soupe)

# En version buffet

Un rassemblement d'amis à la maison, c'est agréable! Mais quand on reçoit près de 20 personnes, la préparation du repas exige temps et énergie. C'est ici que la magie des buffets opère: on peut préparer une bonne partie des plats à l'avance, puis profiter de plus de temps avec nos convives. Quel bonheur!

**Fleur de sel** ❶
2,5 ml (½ c. à thé)

**Piment d'Espelette** ❷
2,5 ml (½ c. à thé)

**Lime** ❸
10 ml (2 c. à thé)
de zestes

**Huile d'olive** ❹
30 ml (2 c. à soupe)

**12 pétoncles moyens** ❺
(calibre 20/30)

## Duo de cuillères

# Pétoncles lime et fleur de sel

Préparation : **15 minutes** • Quantité : **12 cuillères**

### Préparation

Dans un bol, mélanger la fleur de sel avec le piment d'Espelette et les zestes de lime.

Dans une poêle, chauffer 15 ml (1 c. à soupe) d'huile d'olive à feu moyen. Saisir les pétoncles 1 minute de chaque côté. Retirer du feu et laisser tiédir.

Répartir les pétoncles dans les cuillères et saupoudrer de fleur de sel parfumée. Arroser avec le reste de l'huile. Réserver au frais jusqu'au moment de servir. Ces bouchées peuvent être servies chaudes ou tièdes.

| PAR PORTION | |
|---|---|
| Calories | 34 |
| Protéines | 3 g |
| Matières grasses | 2 g |
| Glucides | 0,5 g |
| Fibres | 0 g |
| Fer | 0 mg |
| Calcium | 5 mg |
| Sodium | 37 mg |

### Les inséparables

#### Tartare de thon sésame et coriandre

Couper 200 g (environ ½ lb) de thon rouge en petits dés. Dans un bol, mélanger 15 ml (1 c. à soupe) de graines de sésame avec 15 ml (1 c. à soupe) d'échalotes sèches hachées, 15 ml (1 c. à soupe) d'huile de sésame (non grillé), 15 ml (1 c. à soupe) de sauce soya, 15 ml (1 c. à soupe) de coriandre hachée, 10 ml (2 c. à thé) de gingembre haché et 5 ml (1 c. à thé) de jus de lime. Saler et poivrer. Ajouter le thon et bien remuer. Répartir la préparation dans 12 cuillères. Réserver au frais. Déposer les cuillères dans un plateau 20 minutes avant le début du service et laisser reposer à température ambiante.

**Pâte feuilletée** ①
décongelée
½ boîte de 400 g

**Moutarde de Dijon** ②
30 ml (2 c. à soupe)

**Cari** ③
5 ml (1 c. à thé)

**Saucisses cocktail** ④
1 paquet de 225 g

**Œuf** ⑤
1 jaune battu
avec un peu d'eau

### Trio de saucisses

# Feuillantines aux saucisses cari-moutarde

Préparation : **15 minutes** • Cuisson : **15 minutes** • Quantité : **24 feuillantines**

## Préparation

Préchauffer le four à 205 °C (400 °F).

Sur une surface farinée, abaisser la pâte en un rectangle de 30 cm x 20 cm (12 po x 8 po). Badigeonner de moutarde et saupoudrer de cari. Couper la pâte en deux rectangles de 30 cm x 10 cm (12 po x 4 po) chacun. Couper chacun des rectangles en 12 bandes de 10 cm x 2,5 cm (4 po x 1 po).

Déposer une saucisse au bas de chaque bande et rouler délicatement la pâte afin d'enrober la saucisse.

Sur une plaque de cuisson tapissée d'une feuille de papier parchemin, déposer les feuillantines, joint de pâte dessous. Badigeonner la pâte de jaune d'œuf. Cuire au four 15 minutes.

| PAR PORTION | |
| --- | --- |
| Calories | 79 |
| Protéines | 2 g |
| Matières grasses | 6 g |
| Glucides | 4 g |
| Fibres | 0,2 g |
| Fer | 0,5 mg |
| Calcium | 3 mg |
| Sodium | 151 mg |

## Les inséparables

### Bouchées de saucisses au prosciutto

Dans une casserole d'eau froide, déposer 3 saucisses aux tomates séchées et basilic. Porter à ébullition et cuire 5 minutes. Égoutter et laisser tiédir. Sur le plan de travail, placer 1 tranche de prosciutto sur la largeur. Déposer une saucisse sur la tranche et rouler. Répéter avec 2 autres tranches de prosciutto et les 2 autres saucisses. Couper chaque rouleau en 6 bouchées. Fixer les bouchées à l'aide d'un cure-dent. Déposer sur une plaque de cuisson tapissée de papier parchemin. Faire dorer au four de 8 à 10 minutes à 205 °C (400 °F).

### Saucisses sauce aigre-douce

Dans une casserole, porter à ébullition 250 ml (1 tasse) de sauce chili avec 80 ml (⅓ de tasse) de sirop d'érable, 15 ml (1 c. à soupe) de sauce Worcestershire, 15 ml (1 c. à soupe) de sauce soya, 15 ml (1 c. à soupe) de gingembre haché, 10 ml (2 c. à thé) d'ail haché et 5 ml (1 c. à thé) de moutarde sèche. Ajouter le contenu de 1 paquet de saucisses cocktail de 225 g. Laisser mijoter 8 minutes à feu moyen, en prenant soin de ne pas laisser gonfler les saucisses.

**Olives vertes
et noires** ①
conservées dans l'huile
500 ml (2 tasses)

**Vin blanc** ②
250 ml (1 tasse)

**Ail** ③
3 gousses entières ou
coupées en deux

**Fines herbes** ④
2 tiges au choix
(origan, basilic, thym…)

**Laurier** ⑤
1 feuille

**FACULTATIF:**
➤ **Orange**
   15 ml (1 c. à soupe)
   de zestes
   (ou zestes de citron)
➤ **Flocons de piment**
   au goût

**PRÉVOIR AUSSI:**
➤ **Huile d'olive**
30 ml (2 c. à soupe)

# Olives chaudes au vin blanc

Préparation: **10 minutes** • Cuisson: **1 heure** • Quantité: **500 ml (2 tasses) (environ 8 portions)**

## Préparation

Préchauffer le four à 190 °C (375 °F).

Égoutter les olives et jeter l'huile.

Dans un grand bol, mélanger tous les ingrédients, puis transférer dans un plat de cuisson. Couvrir le plat d'une feuille de papier d'aluminium.

Cuire au four 1 heure.

Servir chaud.

| PAR PORTION | |
|---|---|
| Calories | 77 |
| Protéines | 0,4 g |
| Matières grasses | 6 g |
| Glucides | 2 g |
| Fibres | 1 g |
| Fer | 0,3 mg |
| Calcium | 22 mg |
| Sodium | 404 mg |

## Pour varier

### Olives piquantes

Dans un bol, mélanger 125 ml (½ tasse) d'huile d'olive avec 1 oignon haché, 1 tige de thym, 1 tige de romarin, 2 oignons verts émincés et du piment fort haché au goût. Ajouter 125 ml (½ tasse) d'olives Kalamata, 125 ml (½ tasse) d'olives vertes géantes, 125 ml (½ tasse) d'olives vertes aux amandes et 2 gousses d'ail hachées. Remuer et laisser mariner 6 heures au frais.

**Fromage à la crème** ❶
ramolli
1 paquet de 250 g

**Crevettes nordiques** ❷
hachées grossièrement
75 g (125 ml)

**Oignons verts** ❸
hachés
60 ml (¼ de tasse)

**Parmesan** ❹
râpé
60 ml (¼ de tasse)

**Vin blanc** ❺
ou jus de pomme
60 ml (¼ de tasse)

**PRÉVOIR AUSSI :**
➤ **Mayonnaise**
60 ml (¼ de tasse)

➤ **Sucre**
10 ml (2 c. à thé)

➤ **Ail**
1 gousse hachée
finement

**FACULTATIF :**
➤ **Moutarde** en
poudre ou de Dijon
5 ml (1 c. à thé)

# Trempette chaude aux crevettes

Préparation : **10 minutes** • Cuisson : **15 minutes** • Quantité : **4 portions**

## Préparation

Préchauffer le four à 180 °C (350 °F).

Dans un bol, mélanger tous les ingrédients. Déposer dans un plat allant au four de 18 cm x 13 cm (7 po x 5 po).

Cuire au four de 15 à 20 minutes, jusqu'à ce que la trempette soit chaude.

Servir avec des craquelins.

| PAR PORTION | |
|---|---|
| Calories | 381 |
| Protéines | 10 g |
| Matières grasses | 35 g |
| Glucides | 6 g |
| Fibres | 0,2 g |
| Fer | 0,6 mg |
| Calcium | 141 mg |
| Sodium | 528 mg |

## Pour varier

### Trempette chaude au bacon et fromage

Dans un plat allant au four, mélanger 4 tranches de bacon précuit émiettées avec le contenu de ½ paquet de fromage à la crème de 250 g ramolli, 30 ml (2 c. à soupe) de sauce chili, 160 ml (⅔ de tasse) de cheddar râpé, 160 ml (⅔ de tasse) de mozzarella râpée, 160 ml (⅔ de tasse) de Monterey Jack râpé, 30 ml (2 c. à soupe) de bouillon de poulet et 1 oignon vert émincé. Couvrir d'une feuille de papier d'aluminium. Cuire au four de 20 à 25 minutes à 180 °C (350 °F), jusqu'à ce que la préparation bouillonne.

Recette de Claudette Pageau

½ pomme verte ❶

Céleri ❷
1 branche

2 oignons verts ❸

Yogourt grec nature ❹
250 ml (1 tasse)

Mayonnaise ❺
80 ml (⅓ de tasse)

# Trempette croquante pomme et yogourt

Préparation : **15 minutes** • Quantité : **4 portions**

## Préparation

Couper la pomme verte et la branche de céleri en dés. Déposer dans un bol.

Hacher finement les oignons verts et ajouter au mélange de pommes.

Incorporer le yogourt et la mayonnaise.

| PAR PORTION | |
|---|---|
| Calories | 176 |
| Protéines | 7 g |
| Matières grasses | 15 g |
| Glucides | 4 g |
| Fibres | 1 g |
| Fer | 0,1 mg |
| Calcium | 107 mg |
| Sodium | 114 mg |

## Idée pour accompagner

### Brochettes de légumes

Couper 2 concombres libanais en quatre rondelles. Couper 4 mini-poivrons en trois morceaux. Couper 12 petits radis en deux. Préparer 12 brochettes en piquant sur chacune d'elles une rondelle de concombre, un morceau de poivron, une moitié de radis, 1 tomate cerise et 1 champignon.

**Bœuf** ①
755 g (1 ⅔ lb)
de cubes à ragoût

**Veau** ②
755 g (1 ⅔ lb)
de cubes à ragoût

**Poulet** ③
755 g (1 ⅔ lb)
de poitrines
coupées en cubes

**Épices à tourtière** ④
10 ml (2 c. à thé)

**Pâte brisée** ⑤
du commerce
570 g (1 ¼ lb)

**PRÉVOIR AUSSI :**
➤ 2 **oignons** hachés
➤ **Pommes de terre**
coupées en cubes
750 ml (3 tasses)
➤ **Bouillon de poulet**
1 litre (4 tasses)

**FACULTATIF :**
➤ **Céleri**
3 branches
coupées en dés

# Cipâte aux trois viandes

Préparation : **15 minutes** • Cuisson : **4 heures** • Quantité : **de 8 à 10 portions**

## Préparation

Dans un bol, mélanger les trois viandes avec les épices à tourtière, les oignons et, si désiré, le céleri. Saler et poivrer.

Préchauffer le four à 180 °C (350 °F).

Diviser la pâte en trois parts égales. Sur une surface farinée, abaisser la pâte en trois cercles de même dimension que le plat de cuisson.

Dans le plat de cuisson, déposer un étage de pommes de terre et un étage de viande, puis couvrir d'une abaisse de pâte. Répéter cette opération deux fois. Inciser le milieu de la pâte du dessus, puis verser le bouillon de poulet dans le plat. Couvrir et cuire au four 3 heures.

Retirer le couvercle et poursuivre la cuisson 1 heure, jusqu'à ce que la pâte soit dorée.

## Version maison

### Pâte brisée

Dans un bol, mélanger 500 ml (2 tasses) de farine avec 180 ml (¾ de tasse) de graisse végétale (de type Crisco), jusqu'à l'obtention d'une consistance granuleuse. Dans un autre bol, fouetter 2 œufs avec 250 ml (1 tasse) d'eau tiède et 2 pincées de sel. Incorporer ce mélange au précédent et remuer jusqu'à l'obtention d'une boule. Envelopper dans une pellicule de plastique et réfrigérer 1 heure avant d'utiliser.

| PAR PORTION | |
|---|---|
| Calories | 542 |
| Protéines | 53 g |
| Matières grasses | 20 g |
| Glucides | 33 g |
| Fibres | 3 g |
| Fer | 4 mg |
| Calcium | 47 mg |
| Sodium | 489 mg |

**Thym** ❶
haché
15 ml (1 c. à soupe)

**Moutarde à l'ancienne** ❷
30 ml (2 c. à soupe)

**Porc** ❸
1 kg (environ 2 ¼ lb) de
rôti de longe sans os

**Pancetta** ❹
tranchée
1 paquet de 125 g

**Bouillon de poulet** ❺
375 ml (1 ½ tasse)

**PRÉVOIR AUSSI :**
➤ **Ail** haché
15 ml (1 c. à soupe)
➤ **Huile d'olive**
15 ml (1 c. à soupe)
➤ 1 **oignon** haché

**FACULTATIF :**
➤ **Romarin** haché
10 ml (2 c. à thé)

# Rôti de porc bardé à la pancetta

Préparation : **15 minutes** • Cuisson : **1 heure** • Quantité : **de 6 à 8 portions**

## Préparation

Préchauffer le four à 190 °C (375 °F).

Mélanger les fines herbes avec la moutarde, l'ail et l'huile d'olive. Saler et poivrer. Badigeonner le rôti avec le mélange.

Couvrir le rôti avec les tranches de pancetta.

Déposer la viande dans une rôtissoire. Répartir l'oignon autour du rôti et verser le bouillon de poulet. Cuire au four de 1 heure à 1 heure 15 minutes, en arrosant la viande à quelques reprises en cours de cuisson, jusqu'à ce qu'un thermomètre à cuisson inséré au centre du rôti indique 70 °C (160 °F) pour une viande rosée.

Déposer la viande sur une planche à découper. Couvrir de papier d'aluminium, sans serrer. Laisser reposer de 6 à 8 minutes avant de trancher.

| PAR PORTION | |
|---|---|
| Calories | 243 |
| Protéines | 32 g |
| Matières grasses | 12 g |
| Glucides | 1 g |
| Fibres | 0,4 g |
| Fer | 1 mg |
| Calcium | 14 mg |
| Sodium | 444 mg |

## Idées pour accompagner

### Sauce dijonnaise au jus

Dans une tasse à mesurer, verser le jus de cuisson. À l'aide d'une cuillère, retirer l'excédent de gras. Incorporer 30 ml (2 c. à soupe) de moutarde de Dijon, 15 ml (1 c. à soupe) de vinaigre de cidre et 30 ml (2 c. à soupe) de cassonade. Verser dans la rôtissoire et porter à ébullition. Délayer 10 ml (2 c. à thé) de fécule de maïs dans un peu d'eau froide. Incorporer au bouillon en fouettant. Chauffer à feu moyen jusqu'à épaississement. Filtrer la sauce dans une passoire fine.

### Carottes glacées orange et coriandre

Dans une casserole, porter à ébullition 125 ml (½ tasse) de jus d'orange avec 60 ml (¼ de tasse) de sirop d'érable. Ajouter 12 carottes nantaises et 1 feuille de laurier. Saler et poivrer. Couvrir et cuire à feu moyen 15 minutes, jusqu'à tendreté. Parsemer de 30 ml (2 c. à soupe) de feuilles de coriandre.

**1 gros oignon** ❶
haché

**Porc haché** ❷
1,8 kg (4 lb)

**Cannelle** ❸
1,25 ml (¼ de c. à thé)

**Clou de girofle** ❹
moulu
1,25 ml (¼ de c. à thé)

**Pâte brisée** ❺
680 g (1 ½ lb)

**PRÉVOIR AUSSI :**
➤ 1 œuf battu

# Pâtés à la viande

Préparation : **15 minutes** • Cuisson : **35 minutes** • Quantité : **2 pâtés de 20 cm (8 po)**

## Préparation

Dans une grande casserole, déposer l'oignon et le porc haché. Verser 60 ml (¼ de tasse) d'eau froide et laisser mijoter 10 minutes à feu moyen, en remuant de temps en temps.

Ajouter la cannelle et le clou de girofle. Saler et poivrer. Retirer du feu et laisser tiédir.

Préchauffer le four à 180 °C (350 °F).

Diviser la pâte en quatre petites boules. Sur une surface farinée, abaisser les pâtes en deux cercles de 23 cm (9 po) de diamètre et en deux autres de 20 cm (8 po).

Déposer les deux plus grandes abaisses dans des assiettes à tarte de 20 cm (8 po). Garnir avec la préparation à la viande. Couvrir chaque pâté d'une abaisse. Inciser la surface de la pâte et badigeonner d'œuf battu.

Cuire au four de 35 à 40 minutes.

| PAR PORTION | |
|---|---|
| Calories | 864 |
| Protéines | 47 g |
| Matières grasses | 54 g |
| Glucides | 40 g |
| Fibres | 2 g |
| Fer | 3 mg |
| Calcium | 40 mg |
| Sodium | 424 mg |

## Pour varier

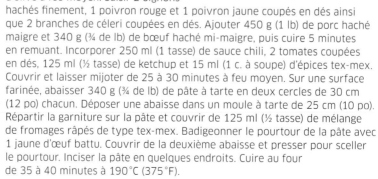

### Pâté mexicain

Dans une casserole, chauffer 30 ml (2 c. à soupe) d'huile d'olive à feu moyen. Saisir 2 oignons hachés finement, 1 poivron rouge et 1 poivron jaune coupés en dés ainsi que 2 branches de céleri coupées en dés. Ajouter 450 g (1 lb) de porc haché maigre et 340 g (¾ de lb) de bœuf haché mi-maigre, puis cuire 5 minutes en remuant. Incorporer 250 ml (1 tasse) de sauce chili, 2 tomates coupées en dés, 125 ml (½ tasse) de ketchup et 15 ml (1 c. à soupe) d'épices tex-mex. Couvrir et laisser mijoter de 25 à 30 minutes à feu moyen. Sur une surface farinée, abaisser 340 g (¾ de lb) de pâte à tarte en deux cercles de 30 cm (12 po) chacun. Déposer une abaisse dans un moule à tarte de 25 cm (10 po). Répartir la garniture sur la pâte et couvrir de 125 ml (½ tasse) de mélange de fromages râpés de type tex-mex. Badigeonner le pourtour de la pâte avec 1 jaune d'œuf battu. Couvrir de la deuxième abaisse et presser pour sceller le pourtour. Inciser la pâte en quelques endroits. Cuire au four de 35 à 40 minutes à 190 °C (375 °F).

Recette de Gertrude Fleury

½ oignon rouge **1**

1 brocoli **2**

Canneberges séchées **3**
80 ml (⅓ de tasse)

Noix de cajou **4**
grillées
125 ml (½ tasse)

Vinaigrette **5**
balsamique
du commerce
125 ml (½ tasse)

# Salade de brocoli et noix de cajou

Préparation : **15 minutes** • Réfrigération : **1 heure** • Quantité : **4 portions**

## Préparation

Émincer l'oignon rouge et tailler le brocoli en petits bouquets.

Dans un saladier, mélanger l'oignon rouge avec le brocoli, les canneberges, les noix de cajou et la vinaigrette.

Réfrigérer de 1 à 2 heures avant de servir.

| PAR PORTION | |
|---|---|
| Calories | 254 |
| Protéines | 5 g |
| Matières grasses | 18 g |
| Glucides | 22 g |
| Fibres | 2 g |
| Fer | 2 mg |
| Calcium | 34 mg |
| Sodium | 635 mg |

## Pour varier

### Vinaigrette érable-balsamique

Dans un saladier, fouetter 60 ml (¼ de tasse) d'huile d'olive avec 30 ml (2 c. à soupe) de sirop d'érable, 30 ml (2 c. à soupe) de ciboulette hachée, 15 ml (1 c. à soupe) de moutarde à l'ancienne, 15 ml (1 c. à soupe) de vinaigre balsamique et 5 ml (1 c. à thé) d'ail. Saler et poivrer.

**Cœurs d'artichauts** ①
1 boîte de 398 ml

**Cœurs de palmier** ②
1 boîte de 398 ml

**Haricots rouges** ③
1 boîte de 398 ml

**Vinaigrette italienne** ④
du commerce
125 ml (½ tasse)

**Tomates cerises** ⑤
250 ml (1 tasse)

**FACULTATIF :**
➤ **Maïs miniatures**
1 boîte de 398 ml
➤ **Olives noires**
entières
125 ml (½ tasse)
➤ **Mozzarella**
coupée en cubes
250 g

# Salade de légumes marinés

Préparation : **10 minutes** • Réfrigération : **30 minutes** • Quantité : **4 portions**

## Préparation

Rincer et égoutter les légumes en boîte ainsi que les haricots rouges.

Dans un saladier, verser la vinaigrette. Ajouter les légumes, les haricots rouges, les tomates cerises et, si désiré, les olives et les cubes de mozzarella. Saler, poivrer et remuer.

Réserver de 30 à 60 minutes au frais avant de servir.

| PAR PORTION | |
|---|---|
| Calories | 540 |
| Protéines | 26 g |
| Matières grasses | 28 g |
| Glucides | 54 g |
| Fibres | 13 g |
| Fer | 5 mg |
| Calcium | 471 mg |
| Sodium | 2 084 mg |

## Pour varier

### Vinaigrette aux épices

Dans un grand bol, mélanger 30 ml (2 c. à soupe) d'huile de tournesol avec 15 ml (1 c. à soupe) de vinaigre d'estragon, 15 ml (1 c. à soupe) de persil haché, 15 ml (1 c. à soupe) de ciboulette hachée, 10 ml (2 c. à thé) de paprika et 10 ml (2 c. à thé) de poivre rose.

## En version buffet

**8 pommes de terre** ❶

**1 carotte** ❷
râpée

**Mayonnaise** ❸
80 ml (⅓ de tasse)

**Citron** ❹
30 ml (2 c. à soupe)
de jus

**Ciboulette** ❺
hachée
45 ml (3 c. à soupe)

### Duo de salades

# Salade de pommes de terre

Préparation : **15 minutes** • Cuisson : **10 minutes** • Réfrigération : **2 heures**
Quantité : **de 8 à 10 portions**

## Préparation

Dans une casserole d'eau bouillante, cuire les pommes de terre jusqu'à ce qu'elles soient encore un peu fermes. Retirer du feu et laisser tiédir.

Couper les pommes de terre en cubes de 2 cm (¾ de po).

Déposer les cubes de pommes de terre dans un saladier. Ajouter le reste des ingrédients. Saler et poivrer. Remuer délicatement.

Réserver au réfrigérateur de 2 à 3 heures avant de servir.

| PAR PORTION | |
|---|---|
| Calories | 92 |
| Protéines | 2 g |
| Matières grasses | 2 g |
| Glucides | 17 g |
| Fibres | 2 g |
| Fer | 1 mg |
| Calcium | 14 mg |
| Sodium | 25 mg |

## Les inséparables

### Salade de chou et carottes

Râper finement 1 chou vert et 2 carottes. Dans un saladier, mélanger 60 ml (¼ de tasse) de mayonnaise avec 60 ml (¼ de tasse) de vinaigre blanc, 60 ml (¼ de tasse) de lait et 60 ml (¼ de tasse) de sucre. Ajouter le chou et les carottes. Remuer.

Recettes de Jocelyne Lemay (pommes de terre) et de Gisèle Richer (chou et carottes)

**½ poireau** ❶

**25 haricots verts** ❷

**25 haricots jaunes** ❸

**50 asperges** ❹

**Huile d'olive** ❺
30 ml (2 c. à soupe)

---

*Duo de légumes*

# Bouquets d'asperges et de haricots

Préparation : **15 minutes** • Cuisson : **7 minutes** • Quantité : **10 bouquets (10 portions)**

## Préparation

Nettoyer le poireau, puis le couper en deux sur la longueur.

Dans une casserole d'eau bouillante salée, blanchir les légumes de 2 à 3 minutes. Égoutter et rincer sous l'eau froide. Égoutter de nouveau.

Tailler dix petites lanières dans la partie verte du poireau pour attacher les bouquets de légumes.

Préchauffer le four à 205 °C (400 °F). Pour chaque bouquet de légumes, regrouper 5 haricots et 5 asperges. Ficeler avec une lanière de poireau.

Sur une plaque de cuisson tapissée d'une feuille de papier parchemin, déposer les bouquets. Arroser d'un filet d'huile, puis saler et poivrer.

Cuire au four de 5 à 10 minutes.

Si désiré, décorer chaque bouquet d'une petite étoile taillée dans le poivron rouge.

| PAR PORTION | |
|---|---|
| Calories | 173 |
| Protéines | 9 g |
| Matières grasses | 4 g |
| Glucides | 27 g |
| Fibres | 11 g |
| Fer | 3 mg |
| Calcium | 80 mg |
| Sodium | 8 mg |

## Les inséparables

### Panais et carottes au parfum d'érable

Couper 1 kg de panais en rondelles et 2 carottes en petits dés. Dans une casserole, chauffer 45 ml (3 c. à soupe) d'huile d'olive à feu moyen. Faire dorer les carottes avec 20 oignons perlés. Verser 125 ml (½ tasse) de sirop d'érable et 250 ml (1 tasse) de bouillon de légumes. Ajouter 1 tige de thym et 1 tige de romarin. Porter à ébullition. Ajouter les panais, puis saler et poivrer. Couvrir et cuire au four de 30 à 40 minutes à 190 °C (375 °F), en remuant à mi-cuisson.

**FACULTATIF :**
➤ ½ poivron rouge

**Crème à cuisson 35 %**
160 ml (²⁄₃ de tasse) ❶

**Chocolat noir** ❷
60 ml (¼ de tasse)

**Yogourt nature 10 %** ❸
375 ml (1 ½ tasse)

**Miel** ❹
30 ml (2 c. à soupe)

**Coulis de fruits rouges** ❺
du commerce
250 ml (1 tasse)

# Verrines chocolatées, coulis de fruits rouges et yogourt au miel

Préparation : **15 minutes** • Cuisson : **10 minutes** • Quantité : **12 verrines**

## Préparation

Dans une casserole, porter à ébullition la crème avec, si désiré, la feuille de menthe.

Dans un bol, déposer le chocolat. Verser la crème bouillante sur le chocolat et fouetter. Laisser tiédir.

Dans un autre bol, mélanger le yogourt avec le miel. À l'aide d'une poche à pâtisserie ou d'une petite cuillère, répartir le yogourt au miel dans 12 verres de type *shooter*.

Couvrir du coulis de fruits rouges.

Déposer le mélange au chocolat sur le coulis. Réfrigérer jusqu'au moment de servir.

| PAR PORTION | |
|---|---|
| Calories | 134 |
| Protéines | 2 g |
| Matières grasses | 7 g |
| Glucides | 16 g |
| Fibres | 1 g |
| Fer | 1 mg |
| Calcium | 74 mg |
| Sodium | 33 mg |

## Version maison

### Coulis aux canneberges

Dans une casserole, mélanger 500 ml (2 tasses) de canneberges fraîches ou surgelées avec 100 ml (environ ½ tasse) d'eau et 80 ml (⅓ de tasse) de sucre. Porter à ébullition. Cuire 10 minutes à feu doux. Transférer dans le contenant du mélangeur et réduire en purée. Filtrer à l'aide d'un tamis ou d'une passoire fine. Réserver au frais jusqu'au moment de servir.

**FACULTATIF :**
➤ **Menthe**
1 feuille

Recette de Dominic Henri, chef

**Fruits confits**
250 ml (1 tasse) **1**

**Beurre**
250 ml (1 tasse) **2**

**Sucre**
375 ml (1 ½ tasse) **3**

**3 œufs 4**

**Lait 5**
125 ml (½ tasse)

**PRÉVOIR AUSSI :**
➤ **Farine**
625 ml (2 ½ tasses)

➤ **Poudre à pâte**
10 ml (2 c. à thé)

**FACULTATIF :**
➤ **Rhum**
30 ml (2 c. à soupe)

# Cupcakes de Noël

Préparation : **15 minutes** • Cuisson : **20 minutes** • Quantité : **de 12 à 18 cupcakes**

## Préparation

Préchauffer le four à 180 °C (350 °F).

Si désiré, faire macérer les fruits confits dans le rhum de 1 à 2 heures.

Dans un bol, mélanger la farine avec la poudre à pâte et 1 pincée de sel.

À l'aide du batteur électrique, battre le beurre avec le sucre jusqu'à l'obtention d'une préparation crémeuse.

Ajouter les œufs un à un. Incorporer graduellement les ingrédients secs en alternant avec le lait.

Ajouter les fruits confits et remuer.

Répartir la préparation dans les 12 alvéoles d'un moule à muffins tapissées de moules en papier. Cuire au four de 20 à 25 minutes.

Retirer du four et laisser tiédir.

| PAR PORTION | |
| --- | --- |
| Calories | 341 |
| Protéines | 4 g |
| Matières grasses | 16 g |
| Glucides | 45 g |
| Fibres | 0,7 g |
| Fer | 1 mg |
| Calcium | 32 mg |
| Sodium | 173 mg |

## Idée pour accompagner

### Glaçage au citron

À l'aide du batteur électrique, fouetter le contenu de 1 paquet de fromage à la crème de 250 g ramolli avec 125 ml (½ tasse) de sucre à glacer et 15 ml (1 c. à soupe) de zestes de citron. Laisser tiédir les cupcakes avant de les glacer.

# Brunchs gourmands

Mmmm ! L'odeur des crêpes ou encore celle d'une quiche tout juste sortie du four... À eux seuls, les effluves des délices du matin nous fournissent une belle dose de réconfort. Attablé autour de bons p'tits plats tantôt sucrés, tantôt salés, on est fin prêt à démarrer la journée du bon pied !

**Sauce hollandaise**
du commerce
1 sachet de 26 g ➊

**4 œufs** ➋

**2 muffins anglais** ➌

**Jambon fumé à l'érable** ➍
8 tranches

**Roquette** ➎
250 ml (1 tasse)

# Œufs bénédictine

Préparation : **15 minutes** • Cuisson : **5 minutes** • Quantité : **4 portions**

## Préparation

Préparer la sauce hollandaise selon les indications de l'emballage.

Dans un poêlon profond, porter à ébullition 2 litres (8 tasses) d'eau et le vinaigre.

Diminuer l'intensité du feu pour que l'eau frémisse doucement.

Casser chacun des œufs dans une tasse. Faire glisser doucement les œufs dans l'eau. Éteindre le feu, couvrir le poêlon et laisser cuire 4 minutes.

Déposer les œufs sur du papier absorbant.

Trancher les muffins anglais et les faire griller.

Garnir les demi-muffins de jambon, de roquette et d'un œuf poché. Napper de sauce hollandaise et parsemer de ciboulette, si désiré.

| PAR PORTION | |
|---|---|
| Calories | 243 |
| Protéines | 14 g |
| Matières grasses | 13 g |
| Glucides | 19 g |
| Fibres | 1 g |
| Fer | 2 mg |
| Calcium | 121 mg |
| Sodium | 1 027 mg |

## Idée pour accompagner

### Shooter fruité

À l'aide du mélangeur électrique, émulsionner 250 ml (1 tasse) de boisson de soya à la vanille avec 125 ml (½ tasse) de jus d'orange, 8 fraises, 30 ml (2 c. à soupe) de sucre et 15 ml (1 c. à soupe) de jus de lime.

## Version maison

### Sauce hollandaise

Dans le contenant du mélangeur électrique, émulsionner 30 secondes à vitesse moyenne 4 jaunes d'œufs avec 15 ml (1 c. à soupe) de jus de citron et 30 ml (2 c. à soupe) d'eau chaude. Sans arrêter le moteur, verser graduellement 180 ml (¾ de tasse) de beurre fondu chaud et mélanger jusqu'à onctuosité. Saler et poivrer.

PRÉVOIR AUSSI :
➤ **Vinaigre de vin blanc**
15 ml (1 c. à soupe)

FACULTATIF :
➤ **Ciboulette** hachée
30 ml (2 c. à soupe)

**Préparation pour pancakes** ①
du commerce
2 tasses (500 ml)

**Lait** ②
375 ml (1 ½ tasse)

**2 bananes** ③
coupées en deux

**Sirop d'érable** ④
180 ml (¾ de tasse)

**Bleuets** ⑤
250 ml (1 tasse)

PRÉVOIR AUSSI :
➤ 2 **œufs**
➤ **Huile de canola**
15 ml (1 c. à soupe)

# Pancakes aux bananes, garniture aux bleuets

Préparation : **15 minutes** • Cuisson : **30 minutes** • Quantité : **de 4 à 6 portions (de 16 à 18 pancakes)**

## Préparation

Préparer les crêpes avec le lait et les œufs selon les indications de l'emballage. Incorporer les bananes.

Préchauffer le four à 120°C (250°F).

Dans une poêle, chauffer l'huile à feu doux-moyen. Verser 80 ml (⅓ de tasse) de pâte par pancake. Cuire 1 minute, jusqu'à ce que de petites bulles se forment à la surface. Retourner et cuire 30 secondes. Déposer les pancakes sur une plaque de cuisson et réserver au four. Répéter l'opération avec le reste de la pâte.

Mélanger le sirop d'érable avec les bleuets. Servir avec les pancakes.

| PAR PORTION | |
|---|---:|
| Calories | 106 |
| Protéines | 2 g |
| Matières grasses | 2 g |
| Glucides | 19 g |
| Fibres | 1 g |
| Fer | 1 mg |
| Calcium | 57 mg |
| Sodium | 153 mg |

## Version maison

### Pancakes aux bananes

Dans un bol, mélanger 500 ml (2 tasses) de farine avec 15 ml (1 c. à soupe) de poudre à pâte, 5 ml (1 c. à thé) de bicarbonate de soude et 30 ml (2 c. à soupe) de sucre. Faire un puits au centre. Dans un autre bol, fouetter 500 ml (2 tasses) de lait de beurre (babeurre) avec 1 œuf et 15 ml (1 c. à soupe) de zestes de citron. Verser la préparation liquide dans le puits des ingrédients secs avec 45 ml (3 c. à soupe) de beurre fondu. Incorporer graduellement en fouettant jusqu'à l'obtention d'une pâte lisse. Incorporer 2 bananes coupées en dés. Cuire selon les indications de la recette ci-dessus.

**Yogourt au citron**
1 contenant de 500 g ➊

**Framboises** ➋
250 ml (1 tasse)

**1 banane** ➌
coupée en dés

**Melon d'eau** ➍
coupé en dés
125 ml (½ tasse)

**Céréales aux raisins** ➎
**secs et amandes**
250 ml (1 tasse)

FACULTATIF :
➤ **Sirop d'érable**
80 ml (⅓ de tasse)

# Coupes de fruits et croustillant aux amandes

Préparation : **15 minutes** • Quantité : **4 portions**

## Préparation

Répartir la moitié du yogourt dans quatre coupes.

Former des couches successives de framboises, de banane et de melon d'eau dans chacune des coupes.

Couvrir du reste du yogourt et des céréales.

Si désiré, napper de sirop d'érable.

| PAR PORTION | |
|---|---|
| Calories | 367 |
| Protéines | 7 g |
| Matières grasses | 10 g |
| Glucides | 62 g |
| Fibres | 4 g |
| Fer | 2 mg |
| Calcium | 320 mg |
| Sodium | 106 mg |

## Idée pour accompagner

### Tartinade dattes et orange

Dans une casserole, chauffer à feu moyen 250 ml (1 tasse) de jus d'orange avec 60 ml (¼ de tasse) de beurre. Ajouter 500 ml (2 tasses) de dattes dénoyautées et 2,5 ml (½ c. à thé) de vanille. Cuire de 8 à 10 minutes à feu doux-moyen, jusqu'à l'obtention d'une purée. Servir avec du pain grillé. Conserver au frais.

**Mascarpone**
180 ml (¾ de tasse) **1**

**Sirop d'érable** **2**
180 ml (¾ de tasse)

**Canneberges séchées** **3**
80 ml (⅓ de tasse)

**Panettone** **4**
4 tranches

**4 clémentines** **5**
coupées en tranches

PRÉVOIR AUSSI :
➤ **Cannelle**
1,25 ml (¼ de c. à thé)

# Panettone grillé aux canneberges

Préparation : **15 minutes** • Quantité : **4 portions**

## Préparation

Dans un bol, mélanger le mascarpone avec la moitié du sirop d'érable et la cannelle.

Dans un autre bol, mélanger les canneberges avec le reste du sirop d'érable.

Faire dorer les tranches de panettone au grille-pain.

Garnir les tranches de panettone de mascarpone parfumé et du mélange de canneberges.

Servir avec des tranches de clémentines.

| PAR PORTION | |
|---|---|
| Calories | 545 |
| Protéines | 8 g |
| Matières grasses | 21 g |
| Glucides | 81 g |
| Fibres | 3 g |
| Fer | 2 mg |
| Calcium | 256 mg |
| Sodium | 34 mg |

## Idée pour accompagner

### Smoothie aux bananes et chocolat

Dans le contenant du mélangeur, émulsionner 2 bananes avec 15 ml (1 c. à soupe) de cacao, 500 ml (2 tasses) de lait et 30 ml (2 c. à soupe) de miel.

**Jambon fumé toupie** ①
1,8 kg (4 lb)

**Ail** ②
de 3 à 4 gousses

**Sirop d'érable** ③
125 ml (½ tasse)

**Moutarde de Dijon** ④
15 ml (1 c. à soupe)

**Vinaigre balsamique** ⑤
15 ml (1 c. à soupe)

# Jambon à l'érable et vinaigre balsamique

Préparation : **15 minutes** • Marinage : **5 heures** • Cuisson : **2 heures** • Quantité : **de 8 à 10 portions**

## Préparation

Piquer le jambon avec l'ail.

Dans un grand plat, mélanger le sirop d'érable avec la moutarde, le vinaigre balsamique et, si désiré, le romarin.

Ajouter le jambon dans le plat et faire mariner de 5 à 8 heures au frais.

Au moment de la cuisson, préchauffer le four à 160 °C (320 °F). Égoutter le jambon en prenant soin de réserver la marinade. Déposer le jambon sur la grille d'une rôtissoire. Entailler le gras du jambon en formant des losanges.

Cuire au four 2 heures, en badigeonnant le jambon de marinade à quelques reprises en cours de cuisson.

| PAR PORTION | |
|---|---|
| Calories | 310 |
| Protéines | 38 g |
| Matières grasses | 10 g |
| Glucides | 14 g |
| Fibres | 0 g |
| Fer | 3 mg |
| Calcium | 29 mg |
| Sodium | 1 776 mg |

## Idée pour accompagner

### Polenta aux fines herbes et parmesan

Dans une casserole, chauffer 750 ml (3 tasses) de lait à feu moyen jusqu'aux premiers frémissements. Verser en pluie fine 125 ml (½ tasse) de semoule de maïs en fouettant jusqu'à épaississement. Cuire 15 minutes à feu doux. Incorporer 60 ml (¼ de tasse) de parmesan râpé, 30 ml (2 c. à soupe) de ciboulette hachée et 30 ml (2 c. à soupe) de persil haché. Saler et poivrer.

FACULTATIF :
➤ **Romarin** haché
15 ml (1 c. à soupe)

Recette de Michèle Favreau

**Préparation pour crêpes** ①
du commerce
250 ml (1 tasse)

**24 asperges** ②

**Jambon fumé à l'érable** ③
8 tranches

**Gruyère** ④
8 tranches

**Sirop d'érable** ⑤
60 ml (¼ de tasse)

PRÉVOIR AUSSI :
➤ **Lait**
375 ml (1 ½ tasse)
➤ 1 **œuf**

# Crêpes au jambon et asperges

Préparation : **15 minutes** • Cuisson : **15 minutes** • Quantité : **8 portions**

## Préparation

Dans un bol, fouetter la préparation pour crêpes avec le lait et l'œuf.

Dans une casserole d'eau bouillante salée, cuire les asperges de 5 à 8 minutes. Refroidir aussitôt sous l'eau très froide et égoutter.

Cuire les crêpes dans une poêle antiadhésive chaude. Au fur et à mesure que les crêpes sont cuites, garnir d'une tranche de jambon, d'une tranche de fromage et de trois asperges. Rouler les crêpes et déposer dans un plat de cuisson.

Arroser les crêpes de sirop d'érable et chauffer au four à la position « gril » (*broil*) de 2 à 3 minutes.

| PAR PORTION | |
|---|---|
| Calories | 130 |
| Protéines | 7 g |
| Matières grasses | 2 g |
| Glucides | 21 g |
| Fibres | 2 g |
| Fer | 1 mg |
| Calcium | 127 mg |
| Sodium | 366 mg |

## Idée pour accompagner

### Jus tropical

Dans le contenant du mélangeur, émulsionner quelques minutes 1 litre (4 tasses) de jus d'orange avec 1 mangue coupée en morceaux et, si désiré, 60 ml (¼ de tasse) de rhum.

**3 œufs** ①

**Lait** ②
250 ml (1 tasse)

**Pain aux raisins** ③
8 tranches

**2 nectarines** ④
coupées en quartiers

**Miel** ⑤
30 ml (2 c. à soupe)

PRÉVOIR AUSSI :
➤ **Cassonade**
30 ml (2 c. à soupe)
➤ **Beurre**
30 ml (2 c. à soupe)

# Pain doré aux raisins et nectarines

Préparation : **15 minutes** • Cuisson : **8 minutes** • Quantité : **4 portions**

Préchauffer le four à 120 °C (250 °F).

Dans un bol, fouetter les œufs avec le lait et la casso-nade. Déposer les tranches de pain aux raisins dans la préparation et laisser imbiber de 2 à 3 minutes. Égoutter.

Dans une poêle, faire fondre le beurre à feu moyen. Cuire les tranches de pain 2 minutes de chaque côté. Déposer les tranches sur une plaque de cuisson et réserver au four.

Dans la même poêle, cuire les nectarines de 4 à 5 mi-nutes. Verser le miel et remuer. Servir avec le pain doré.

| PAR PORTION | |
|---|---|
| Calories | 353 |
| Protéines | 11 g |
| Matières grasses | 13 g |
| Glucides | 48 g |
| Fibres | 3 g |
| Fer | 2 mg |
| Calcium | 136 mg |
| Sodium | 302 mg |

## Idée pour accompagner

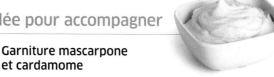

### Garniture mascarpone et cardamome

Mélanger 180 ml (¾ de tasse) de mascarpone avec 60 ml (¼ de tasse) de lait, 1,25 ml (¼ de c. à thé) de cannelle, 2 pincées de cardamome moulue et 45 ml (3 c. à soupe) de miel.

**Brocoli**
taillé en bouquets
500 ml (2 tasses)
**1**

**Pâte à tarte**
250 g (environ ½ lb)
**2**

**Fromage suisse**
râpé
375 ml (1 ½ tasse)
**3**

**Poivrons grillés**
égouttés et émincés
125 ml (½ tasse)
**4**

**Bacon**
8 tranches cuites et
coupées en morceaux
**5**

PRÉVOIR AUSSI :
➤ 3 **œufs**
➤ **Lait**
375 ml (1 ½ tasse)

FACULTATIF :
➤ **Muscade**
1,25 ml (¼ de c. à thé)

# Quiche jardinière au bacon

Préparation : **15 minutes** • Cuisson : **40 minutes** • Quantité : **de 4 à 6 portions**

## Préparation

Préchauffer le four à 190 °C (375 °F).

Dans une casserole d'eau bouillante salée, blanchir les bouquets de brocoli de 2 à 3 minutes. Égoutter.

Sur une surface farinée, abaisser la pâte en un cercle de 22 cm (8 ¾ po). Déposer dans une assiette à tarte de 20 cm (8 po).

Dans un bol, fouetter les œufs avec le lait et, si désiré, la muscade. Saler et poivrer.

Sur la pâte, répartir le fromage, les poivrons grillés, le bacon et le brocoli. Couvrir du mélange d'œufs.

Cuire au four de 40 à 45 minutes.

| PAR PORTION | |
|---|---|
| Calories | 440 |
| Protéines | 20 g |
| Matières grasses | 28 g |
| Glucides | 27 g |
| Fibres | 1 g |
| Fer | 1 mg |
| Calcium | 340 mg |
| Sodium | 570 mg |

## Idée pour accompagner

### Salade de bébés épinards aux noix et pommes

Dans un saladier, mélanger 60 ml (¼ de tasse) d'huile d'olive avec 15 ml (1 c. à soupe) de jus de citron et 15 ml (1 c. à soupe) de sirop d'érable. Saler et poivrer. Ajouter 750 ml (3 tasses) de bébés épinards, 1 pomme coupée en cubes et 60 ml (¼ de tasse) de noix de Grenoble hachées. Remuer.

## Gélatine sans saveur ①
1 sachet de 7 g

## Jus d'orange ②
60 ml (¼ de tasse)

## Lait de coco ③
250 ml (1 tasse)

## Crème à cuisson 15 % ④
250 ml (1 tasse)

## Sucre de canne granulé ⑤
80 ml (⅓ de tasse)

FACULTATIF :

➤ **Vanille**
1 gousse (grains)

➤ **Lime**
15 ml (1 c. à soupe)
de zestes

# Panna cotta

Préparation : **15 minutes** • Réfrigération : **1 heure** • Quantité : **12 verrines**

## Préparation

Dans un bol allant au micro-ondes, mélanger la gélatine avec le jus d'orange. Laisser gonfler 3 minutes.

Dans une casserole, chauffer le lait de coco avec la crème, le sucre de canne et, si désiré, les grains de vanille jusqu'aux premiers frémissements. Retirer du feu.

Faire ramollir la gélatine au micro-ondes 20 secondes. Incorporer au mélange de lait de coco chaud en fouettant. Si désiré, ajouter les zestes de lime et remuer. Laisser tiédir, puis répartir la panna cotta dans 12 verrines. Réfrigérer de 1 à 2 heures avant de servir.

| PAR PORTION | |
|---|---|
| Calories | 92 |
| Protéines | 1 g |
| Matières grasses | 6 g |
| Glucides | 8 g |
| Fibres | 0,2 g |
| Fer | 0,3 mg |
| Calcium | 28 mg |
| Sodium | 18 mg |

## Idée pour accompagner

### Garniture aux fruits exotiques

Dans une casserole, porter à ébullition 60 ml (¼ de tasse) de rhum brun avec 30 ml (2 c. à soupe) de miel à feu moyen. Ajouter 125 ml (½ tasse) de mangue coupée en dés et 125 ml (½ tasse) d'ananas coupé en dés. Laisser mijoter de 3 à 4 minutes à feu doux. Retirer du feu, laisser tiédir puis réfrigérer. Au moment de servir, garnir les panna cottas de cette préparation. Si désiré, décorer avec une feuille de menthe.

## 8 gaufres
du commerce ①

## Framboises ②
250 ml (1 tasse)

## Yogourt à la vanille ③
250 ml (1 tasse)

## Sirop d'érable ④
125 ml (½ tasse)

## Pistaches ⑤
hachées
80 ml (⅓ de tasse)

# Gaufres aux framboises

Préparation : **10 minutes** • Quantité : **4 portions**

## Préparation

Faire griller les gaufres au grille-pain.

Garnir les gaufres de framboises.

Napper de yogourt et de sirop d'érable.

Parsemer de pistaches.

| PAR PORTION | |
|---|---|
| Calories | 437 |
| Protéines | 10 g |
| Matières grasses | 13 g |
| Glucides | 73 g |
| Fibres | 5 g |
| Fer | 5 mg |
| Calcium | 329 mg |
| Sodium | 477 mg |

## Version maison

### Pâte à gaufres

Dans un bol, mélanger 375 ml
(1 ½ tasse) de farine avec 10 ml
(2 c. à thé) de poudre à pâte, 60 ml
(¼ de tasse) de sucre et 1 pincée de
sel. Dans un autre bol, fouetter 2 œufs avec 335 ml
(1 ⅓ de tasse) de lait, puis incorporer graduellement
aux ingrédients secs. Incorporer 60 ml (¼ de tasse)
de beurre fondu. Huiler et chauffer le gaufrier selon
les indications du fabricant. Verser un peu de pâte au
centre de chaque moule, sans trop remplir. Cuire de
4 à 6 minutes ou selon les instructions du fabricant.
Répéter pour les autres gaufres et déposer dans un
plat allant au four. Couvrir de papier d'aluminium et
réserver au four à 120 °C (250 °F).

**Sucre**
180 ml (¾ de tasse) ❶

**Farine** ❷
500 ml (2 tasses)

**Poudre d'amandes** ❸
80 ml (⅓ de tasse)

**1 orange** ❹
pelée et coupée en dés
+ 15 ml (1 c. à soupe)
de zestes

**Canneberges séchées** ❺
250 ml (1 tasse)

PRÉVOIR AUSSI :
➤ **Beurre** ramolli
125 ml (½ tasse)

➤ 2 œufs

➤ **Poudre à pâte**
10 ml (2 c. à thé)

➤ **Lait**
180 ml (¾ de tasse)

FACULTATIF :
➤ **Vanille**
3 gouttes

# Pain à l'orange et canneberges

Préparation : **15 minutes** • Cuisson : **1 heure** • Quantité : **10 portions**

## Préparation

Préchauffer le four à 180 °C (350 °F).

À l'aide du batteur électrique, mélanger le beurre avec le sucre et, si désiré, la vanille jusqu'à ce que le mélange blanchisse. Incorporer les œufs un à un en mélangeant après chaque addition.

Dans un autre bol, mélanger la farine avec la poudre d'amandes, la poudre à pâte et 2,5 ml (½ c. à thé) de sel.

Incorporer graduellement les ingrédients secs à la première préparation, en alternant avec les zestes d'orange et le lait, jusqu'à l'obtention d'une pâte sans grumeaux. Ajouter les canneberges et les dés d'orange en soulevant la pâte délicatement à l'aide d'une spatule.

Graisser un moule à pain de 23 cm x 13 cm (9 po x 5 po). Verser la pâte dans le moule. Cuire au four 1 heure, jusqu'à ce que la lame d'un couteau insérée au centre du pain en ressorte propre.

Laisser tiédir 10 minutes avant de démouler sur une grille.

## Idée pour accompagner

### Beurre de pomme à l'érable

Peler et épépiner 8 pommes McIntosh ou Cortland, puis les couper en cubes. Dans une casserole, porter à ébullition les cubes de pommes avec 125 ml (½ tasse) de sirop d'érable, 125 ml (½ tasse) de beurre non salé et 15 ml (1 c. à soupe) de jus de citron. Cuire à feu doux de 35 à 40 minutes, jusqu'à ce que les pommes soient bien cuites. À l'aide du mélangeur électrique, réduire la préparation en une purée lisse. Laisser refroidir complètement, puis répartir dans des contenants hermétiques. Ce beurre de pomme se conserve jusqu'à trois semaines au réfrigérateur. Il peut aussi être congelé jusqu'à trois mois. Donne 750 ml (3 tasses).

| PAR PORTION | |
|---|---|
| Calories | 334 |
| Protéines | 6 g |
| Matières grasses | 14 g |
| Glucides | 49 g |
| Fibres | 2 g |
| Fer | 2 mg |
| Calcium | 46 mg |
| Sodium | 259 mg |

### Café soluble 1
60 ml (¼ de tasse)

### Farine 2
625 ml (2 ½ tasses)

### Cassonade 3
125 ml (½ tasse)

### Babeurre 4
(lait de beurre)
375 ml (1 ½ tasse)

### Pépites de chocolat 5
180 ml (¾ de tasse)

PRÉVOIR AUSSI :
➤ **Poudre à pâte**
15 ml (1 c. à soupe)

➤ **2 œufs**

➤ **Beurre** fondu
160 ml (⅔ de tasse)

FACULTATIF :
➤ **Vanille**
2,5 ml (½ c. à thé)

# Muffins mochaccino
Préparation : **15 minutes** • Cuisson : **20 minutes** • Quantité : **12 muffins**

## Préparation

Préchauffer le four à 205 °C (400 °F).

Dans un petit bol, délayer le café dans 15 ml (1 c. à soupe) d'eau bouillante. Réserver.

Dans un autre bol, mélanger les ingrédients secs.

Dans un grand récipient, fouetter les œufs avec le babeurre, le beurre fondu, le café dilué et, si désiré, la vanille. Ajouter les pépites de chocolat, puis incorporer graduellement les ingrédients secs en remuant à l'aide d'une cuillère de bois. Ne pas trop mélanger.

Beurrer 12 petites tasses à café d'une capacité de 60 ml (¼ de tasse) ou les 12 alvéoles d'un moule à muffins, puis y répartir la préparation.

Cuire au four de 20 à 25 minutes, jusqu'à ce que la lame d'un petit couteau insérée dans un muffin en ressorte propre. Servir directement dans les tasses ou laisser tiédir sur une grille avant de démouler.

## Pour varier

### Moelleux choco-caramel dans une tasse

Dans une tasse allant au micro-ondes d'une capacité de 250 ml (1 tasse), mélanger 60 ml (¼ de tasse) de farine avec 30 ml (2 c. à soupe) de sucre, 15 ml (1 c. à soupe) de cacao et 1,25 ml (¼ de c. à thé) de poudre à pâte. À l'aide d'une fourchette, incorporer 1 œuf battu. Ajouter 1,25 ml (¼ de c. à thé) de vanille, 45 ml (3 c. à soupe) de lait et 30 ml (2 c. à soupe) de beurre fondu. Remuer jusqu'à ce que la préparation soit onctueuse. Déposer 2 caramels mous sur la pâte. Cuire au micro-ondes de 1 minutes 30 secondes à 2 minutes à haute intensité. Ne pas trop cuire : le centre doit demeurer bien moelleux.

| PAR PORTION | |
|---|---|
| Calories | 316 |
| Protéines | 6 g |
| Matières grasses | 15 g |
| Glucides | 38 g |
| Fibres | 1 g |
| Fer | 2 mg |
| Calcium | 71 mg |
| Sodium | 192 mg |

**Jus d'orange** ①
125 ml (½ tasse)

**Sirop d'érable** ②
125 ml (½ tasse)

**1 pomme** ③

**1 banane** ④

**3 clémentines** ⑤

FACULTATIF :
➤ ½ **ananas**
➤ 1 **poire**
➤ **Raisins rouges**
   2 petites grappes

# Salade de fruits
# au sirop d'érable et orange

Préparation : **15 minutes** • Cuisson : **5 minutes** • Réfrigération : **30 minutes** • Quantité : **4 portions**

## Préparation

Dans une casserole, porter à ébullition le jus d'orange avec le sirop d'érable. Laisser mijoter à feu moyen de 3 à 5 minutes, jusqu'à ce que la préparation ait réduit du tiers. Laisser tiédir, puis réfrigérer jusqu'à refroidissement complet.

Une fois le sirop refroidi, verser dans un saladier. Couper les fruits en morceaux et déposer dans le saladier au fur et à mesure, en les incorporant délicatement au sirop.

Réserver au frais et réfrigérer au moins 30 minutes avant de servir.

| PAR PORTION | |
|---|---|
| Calories | 259 |
| Protéines | 2 g |
| Matières grasses | 1 g |
| Glucides | 66 g |
| Fibres | 4 g |
| Fer | 1 mg |
| Calcium | 66 mg |
| Sodium | 8 mg |

## Idée pour accompagner

### Feuillantines croustillantes aux amandes

Dérouler 1 rouleau de pâte à croissants (de type Pillsbury) de 235 g. Séparer les huit triangles de pâte et déposer sur une plaque de cuisson tapissée d'une feuille de papier parchemin. Dans un bol, mélanger 60 ml (¼ de tasse) de cassonade avec 2 pincées de cannelle et 30 ml (2 c. à soupe) de poudre d'amandes. Saupoudrer les croissants de ce mélange et cuire au four de 17 à 19 minutes à 190 °C (375 °F).

**1 pomme verte** ①

**Amandes concassées** ②
125 ml (½ tasse)

**Miel** ③
45 ml (3 c. à soupe)

**Canneberges séchées** ④
125 ml (½ tasse)

**Brie triple crème** ⑤
2 fromages
de 200 g chacun

# Brie fondant pomme, amandes et canneberges

Préparation : **15 minutes** • Cuisson : **10 minutes** • Quantité : **de 6 à 8 portions**

## Préparation

Préchauffer le four à 205 °C (400 °F).

Couper la pomme en petits dés. Déposer dans un bol et mélanger avec les amandes, le miel et les canneberges. Poivrer.

Déposer les fromages sur une plaque de cuisson. Répartir la préparation sur les fromages. Faire chauffer au four 10 minutes.

Régler le four à la position « gril » (*broil*). Faire griller les fromages de 2 à 3 minutes. Servir chaud avec des croûtons de pain.

| PAR PORTION | |
|---|---|
| Calories | 266 |
| Protéines | 12 g |
| Matières grasses | 18 g |
| Glucides | 17 g |
| Fibres | 2 g |
| Fer | 1 mg |
| Calcium | 113 mg |
| Sodium | 315 mg |

## Pour varier

### Brie fondant aux champignons et tomates séchées

Dans un bol, mélanger 125 ml (½ tasse) de champignons grillés marinés coupés en quatre avec 60 ml (¼ de tasse) de tomates séchées émincées, 45 ml (3 c. à soupe) de pistaches hachées, 30 ml (2 c. à soupe) de persil haché et 15 ml (1 c. à soupe) de sirop d'érable. Saler et poivrer. Déposer 1 brie double crème de 350 g dans un plat de cuisson de même diamètre que le fromage. Déposer la garniture sur le fromage. Cuire au four de 20 à 25 minutes à 180 °C (350 °F).

# Desserts décadents

Pour clore une réception avec succès, quoi de mieux qu'une mousse au chocolat ou qu'une part de tarte au fromage? Pigez dans ce répertoire pour trouver LA petite douceur qui fera craquer tous vos invités!

**Chocolat mi-sucré** ➊
225 g

**Beurre** ➋
60 ml (¼ de tasse)

**Crème à fouetter 35 %** ➌
500 ml (2 tasses)

**Sucre** ➍
60 ml (¼ de tasse)

**Framboises** ➎
250 ml (1 tasse)

FACULTATIF :
➤ **Framboises**
au goût

PRÉVOIR AUSSI :
➤ **Œufs**
2 jaunes

➤ **Chocolat**
125 ml (½ tasse)
de copeaux

# Mousse au chocolat en verrines

Préparation : **15 minutes** • Réfrigération : **30 minutes** • Quantité : **8 portions**

## Préparation

Faire fondre le chocolat dans un bain-marie. Ajouter le beurre et bien mélanger. Retirer du feu et laisser reposer 3 minutes.

Incorporer les jaunes d'œufs.

À l'aide du batteur électrique, fouetter la crème à vitesse élevée en incorporant le sucre graduellement jusqu'à l'obtention de pics fermes.

Incorporer le chocolat à la crème fouettée en pliant délicatement la préparation à l'aide d'une spatule.

Verser la moitié de la mousse dans les verrines, puis répartir les framboises. Couvrir avec le reste de la mousse. Si désiré, garnir de framboises et de copeaux de chocolat.

Réfrigérer 30 minutes avant de servir.

| PAR PORTION | |
|---|---|
| Calories | 439 |
| Protéines | 3 g |
| Matières grasses | 38 g |
| Glucides | 28 g |
| Fibres | 3 g |
| Fer | 1 mg |
| Calcium | 61 mg |
| Sodium | 69 mg |

## Idée pour accompagner

### Mascarpone fouetté à l'orange

À l'aide du batteur électrique, mélanger 250 ml (1 tasse) de mascarpone avec 5 ml (1 c. à thé) de vanille et 30 ml (2 c. à soupe) de zestes d'orange.

**Chocolat noir
à l'orange**
400 g
**1**

**Beurre**
ramolli
125 ml (½ tasse)
**2**

**6 œufs**
battus
**3**

**Liqueur d'agrumes**
de type Grand Marnier
45 ml (3 c. à soupe)
**4**

**Framboises**
250 ml (1 tasse)
**5**

**PRÉVOIR AUSSI :**
➤ **Sucre**
250 ml (1 tasse)
➤ **Farine**
125 ml (½ tasse)

**FACULTATIF :**
➤ **Orange**
30 ml (2 c. à soupe)
de zestes
➤ **Menthe**
6 feuilles

# Gâteau au cœur fondant et Grand Marnier

Préparation : **15 minutes** • Cuisson : **11 minutes** • Quantité : **6 portions**

## Préparation

Préchauffer le four à 205 °C (400 °F).

Couper le chocolat en morceaux, puis le faire fondre dans un bain-marie ou au micro-ondes.

Dans un bol, fouetter le beurre avec le sucre jusqu'à l'obtention d'une préparation crémeuse.

Incorporer le chocolat fondu graduellement, puis ajouter les œufs battus, la liqueur d'agrumes et, si désiré, les zestes d'orange.

Incorporer la farine graduellement jusqu'à l'obtention d'une préparation homogène.

Beurrer six ramequins, puis y verser la préparation.

Cuire au four de 11 à 13 minutes, jusqu'à ce que le dessus des gâteaux croûte légèrement, mais que l'intérieur soit encore fondant.

Retirer du four et laisser tiédir.

Au moment de servir, décorer avec les framboises et, si désiré, les feuilles de menthe.

## Idée pour accompagner

### Crème fouettée au zeste d'orange confit

Prélever le zeste de 1 orange et son jus. Déposer dans un bol allant au micro-ondes et mélanger avec 80 ml (⅓ de tasse) de sucre. Cuire au micro-ondes de 2 à 3 minutes, jusqu'à ce que le liquide soit presque évaporé. Laisser tiédir et réfrigérer 15 minutes. À l'aide du batteur électrique, fouetter 250 ml (1 tasse) de crème à fouetter 35 % jusqu'à l'obtention de pics mous. Ajouter le zeste confit et fouetter quelques secondes.

| PAR PORTION | |
|---|---|
| Calories | 766 |
| Protéines | 12 g |
| Matières grasses | 41 g |
| Glucides | 84 g |
| Fibres | 6 g |
| Fer | 2 mg |
| Calcium | 44 mg |
| Sodium | 208 mg |

**Sirop d'érable** ❶
500 ml (2 tasses)

**Crème à cuisson 35 %** ❷
180 ml (¾ de tasse)

**Farine** ❸
250 ml (1 tasse)

**Beurre** ❹
ramolli
60 ml (¼ de tasse)

**2 pommes Cortland** ❺
coupées en dés

**PRÉVOIR AUSSI :**
➤ **Poudre à pâte**
7,5 ml (½ c. à soupe)

➤ **Sucre**
125 ml (½ tasse)

➤ **1 œuf**

➤ **Lait**
180 ml (¾ de tasse)

**FACULTATIF :**
➤ **Poudre d'amandes**
125 ml (½ tasse)

# Gâteau-pouding aux pommes

Préparation : **15 minutes** • Cuisson : **30 minutes** • Quantité : **de 6 à 8 portions**

## Préparation

Préchauffer le four à 160 °C (320 °F).

Porter à ébullition le sirop d'érable avec la crème à feu moyen.

Mélanger la farine avec la poudre à pâte et, si désiré, la poudre d'amandes.

À l'aide du batteur électrique, fouetter le beurre avec le sucre, puis incorporer l'œuf.

Verser le lait et mélanger jusqu'à homogénéité, puis incorporer les ingrédients secs.

Beurrer un moule de 10 cm (4 po) de profondeur et de 20 cm (8 po) de diamètre, puis y déposer les dés de pommes. Couvrir avec la pâte. Verser délicatement le mélange de sirop d'érable et de crème sur la pâte.

Cuire au four de 30 à 35 minutes.

| PAR PORTION | |
|---|---|
| Calories | 536 |
| Protéines | 6 g |
| Matières grasses | 19 g |
| Glucides | 90 g |
| Fibres | 2 g |
| Fer | 2 mg |
| Calcium | 149 mg |
| Sodium | 119 mg |

## Idées pour accompagner

### Sauce sucre à la crème d'érable et amandes

Porter à ébullition 180 ml (¾ de tasse) de sirop d'érable avec 180 ml (¾ de tasse) de crème à cuisson 35 %, 125 ml (½ tasse) de cassonade, 60 ml (¼ de tasse) de sirop de maïs et 125 ml (½ tasse) de sucre. Laisser mijoter jusqu'à ce que la préparation atteigne une température de 110 °C (230 °F) sur un thermomètre à bonbon. Laisser tiédir. Incorporer 125 ml (½ tasse) d'amandes en bâtonnets.

### Chips de pommes

Porter à ébullition 80 ml (⅓ de tasse) d'eau avec 80 ml (⅓ de tasse) de sucre à feu moyen. Laisser tiédir. Trancher finement 2 pommes Cortland. Tremper les tranches de pommes dans le sirop. Égoutter et déposer sur une plaque de cuisson tapissée de papier parchemin. Cuire au four de 2 à 3 heures à 95 °C (200 °F), jusqu'à ce que les tranches de pommes soient croustillantes.

**Chapelure de biscuits Graham** ❶
180 ml (¾ de tasse)

**Cassonade** ❷
30 ml (2 c. à soupe)

**Fromage à la crème** ❸
ramolli
2 paquets de 250 g
chacun

**Sucre** ❹
125 ml (½ tasse)

**2 œufs** ❺

**PRÉVOIR AUSSI :**
➤ **Beurre**
30 ml (2 c. à soupe)
➤ **Vanille**
5 ml (1 c. à thé)

**FACULTATIF :**
➤ **Citron**
15 ml (1 c. à soupe)
de zestes

# Mini-cheesecakes aux framboises

Préparation : **15 minutes** • Cuisson : **18 minutes** • Temps de repos : **1 heure** • Quantité : **12 mini-cheesecakes**

## Préparation

Préchauffer le four à 180 °C (350 °F).

Dans un bol, mélanger la chapelure de biscuits avec la cassonade et le beurre. Déposer 12 moules en papier dans les alvéoles d'un moule à muffins, puis y répartir la chapelure. Presser avec le dos d'une cuillère afin de compresser légèrement la chapelure.

À l'aide du batteur électrique, fouetter le fromage à la crème avec le sucre, les œufs, la vanille et, si désiré, les zestes jusqu'à l'obtention d'une préparation lisse. Répartir dans les moules à muffins. Cuire au four de 18 à 20 minutes.

Retirer du four et laisser tiédir sur une grille environ 1 heure à température ambiante.

| PAR PORTION | |
|---|---|
| Calories | 240 |
| Protéines | 4 g |
| Matières grasses | 18 g |
| Glucides | 17 g |
| Fibres | 0,5 g |
| Fer | 0,4 mg |
| Calcium | 47 mg |
| Sodium | 191 mg |

## Idée pour accompagner

### Coulis de framboises

À l'aide du batteur électrique, réduire en purée 375 ml (1 ½ tasse) de framboises avec 45 ml (3 c. à soupe) de miel et 15 ml (1 c. à soupe) de jus de citron. Filtrer avec un tamis fin.

# Génoise glacée au chocolat

Préparation : **15 minutes** • Cuisson : **30 minutes** • Quantité : **de 12 à 16 portions**

**Farine** ❶
375 ml (1 ½ tasse)

**Poudre à pâte** ❷
10 ml (2 c. à thé)

**8 œufs** ❸

**Glaçage au chocolat** ❹
du commerce
1 contenant de 340 g

**Gaufrettes roulées à
la crème de chocolat
et noisettes** ❺
de type Pirouline
2 boîtes de 400 g
chacune (60 biscuits)

**PRÉVOIR AUSSI :**
➤ **Sucre**
250 ml (1 tasse)

## Préparation

Préchauffer le four à 180 °C (350 °F).

Dans un bol, mélanger la farine avec la poudre à pâte.

À l'aide du batteur électrique, fouetter les œufs avec le sucre jusqu'à ce que la préparation pâlisse et devienne onctueuse. Incorporer graduellement le mélange de farine et de poudre à pâte.

Beurrer deux moules ronds de 20 cm (8 po) et y verser la pâte. Cuire au four 30 minutes.

Retirer du four et laisser tiédir sur une grille avant de démouler.

Glacer un premier gâteau avec le tiers du glaçage. Couvrir avec le second gâteau. Glacer les côtés et le dessus des deux étages de gâteau avec le reste du glaçage.

Décorer le gâteau en déposant verticalement et côte à côte les gaufrettes sur le pourtour.

| PAR PORTION | |
|---|---|
| Calories | 479 |
| Protéines | 6 g |
| Matières grasses | 20 g |
| Glucides | 69 g |
| Fibres | 1 g |
| Fer | 3 mg |
| Calcium | 29 mg |
| Sodium | 191 mg |

## Version maison

### Glaçage au chocolat

Faire fondre 90 g de chocolat noir dans un bain-marie. Ajouter 45 ml (3 c. à soupe) de beurre tiède en remuant. Dans un bol, mélanger 650 ml (2 ⅔ tasses) de sucre à glacer avec 80 ml (⅓ de tasse) de lait. Incorporer le chocolat fondu en fouettant. Réfrigérer 30 minutes pour que le glaçage se raffermisse.

**Sirop d'érable** ❶
375 ml (1 ½ tasse)

**Crème à cuisson 35 %** ❷
375 ml (1 ½ tasse)

**Farine** ❸
375 ml (1 ½ tasse)

**Beurre** ❹
ramolli
125 ml (½ tasse)

**2 œufs** ❺

**PRÉVOIR AUSSI :**
➤ **Poudre à pâte**
15 ml (1 c. à soupe)

➤ **Sucre**
125 ml (½ tasse)

➤ **Lait**
60 ml (¼ de tasse)

**FACULTATIF :**
➤ **Vanille**
5 ml (1 c. à thé)

# Pouding chômeur en verrines

Préparation : **15 minutes** • Cuisson : **20 minutes** • Temps de repos : **30 minutes** • Quantité : **12 verrines**

## Préparation

Préchauffer le four à 180 °C (350 °F).

Dans une casserole, porter à ébullition le sirop d'érable avec la crème à feu moyen. Retirer du feu et réserver.

Dans un bol, mélanger la farine avec la poudre à pâte et un peu de sel.

À l'aide du batteur électrique, battre le beurre avec le sucre et, si désiré, la vanille. Incorporer les œufs et le lait en fouettant.

Incorporer les ingrédients secs au mélange en pliant délicatement la préparation avec une spatule. Répartir la préparation dans 12 verrines allant au four (le verre ne doit pas être trop mince) d'une capacité de 180 ml (¾ de tasse) chacune. Verser délicatement le mélange de sirop d'érable et crème sur la pâte.

Déposer les verrines sur une plaque de cuisson. Cuire au four de 20 à 25 minutes.

Retirer du four et laisser tiédir 30 minutes.

| PAR PORTION | |
|---|---|
| Calories | 374 |
| Protéines | 4 g |
| Matières grasses | 18 g |
| Glucides | 50 g |
| Fibres | 0,4 g |
| Fer | 2 mg |
| Calcium | 85 mg |
| Sodium | 93 mg |

## Idée pour accompagner

**Sauce yogourt, rhum et gingembre**

Mélanger 250 ml (1 tasse) de yogourt grec au miel avec 10 ml (2 c. à thé) de gingembre haché et 30 ml (2 c. à soupe) de rhum.

**Farine**
750 ml (3 tasses) **1**

**Beurre**
fondu
330 ml (1 ⅓ tasse) **2**

**Canneberges** **3**
fraîches ou surgelées
875 ml (3 ½ tasses)

**Jus d'orange** **4**
60 ml (¼ de tasse)

**Cassonade** **5**
60 ml (¼ de tasse)

**PRÉVOIR AUSSI :**
➤ **Sucre**
430 ml (1 ¾ tasse)
➤ **2 œufs** battus

# Carrés strudel aux canneberges

Préparation : **15 minutes** • Réfrigération : **30 minutes** • Cuisson : **40 minutes** • Quantité : **16 carrés**

## Préparation

Dans le contenant du robot culinaire, mélanger 30 secondes la farine avec le beurre, 180 ml (¾ de tasse) de sucre et 1 pincée de sel.

Ajouter les œufs et mélanger jusqu'à l'obtention d'une pâte.

Tapisser un moule de 28 cm x 18 cm (11 po x 7 po) de papier parchemin.

Étaler 500 ml (2 tasses) de pâte dans le moule. Piquer la pâte et réfrigérer 30 minutes. Réfrigérer le reste de la pâte.

Préchauffer le four à 180 °C (350 °F). Cuire la pâte au four 15 minutes, jusqu'à ce qu'elle commence à brunir. Laisser le four allumé.

Dans une casserole, porter à ébullition les canneberges, le jus d'orange et le reste du sucre. Cuire à feu moyen de 8 à 10 minutes. Laisser tiédir de 5 à 6 minutes. Étaler sur la pâte chaude.

Incorporer la cassonade au reste de la pâte et mélanger jusqu'à l'obtention d'une consistance granuleuse. Répartir sur les canneberges. Cuire au four de 25 à 30 minutes, jusqu'à ce que la surface soit dorée.

Retirer du four et laisser tiédir. Couper en 16 carrés.

| PAR PORTION | |
|---|---|
| Calories | 350 |
| Protéines | 4 g |
| Matières grasses | 17 g |
| Glucides | 46 g |
| Fibres | 2 g |
| Fer | 1 mg |
| Calcium | 15 mg |
| Sodium | 123 mg |

## Pour varier

### Carrés aux bleuets

Mélanger 750 ml (3 tasses) de farine avec 375 ml (1 ½ tasse) de cassonade, 375 ml (1 ½ tasse) de flocons d'avoine et 250 ml (1 tasse) de beurre ramolli jusqu'à l'obtention d'une préparation granuleuse. Prélever la moitié de la préparation et mélanger avec 1 blanc d'œuf. Répartir uniformément dans un plat de cuisson de 33 cm x 23 cm (13 po x 9 po) tapissé de papier parchemin. Cuire au four de 10 à 12 minutes à 180 °C (350 °F). Mélanger le contenu de 1 boîte de lait concentré sucré de 300 ml avec 625 ml (2 ½ tasses) de bleuets, 1 jaune d'œuf, 30 ml (2 c. à soupe) de fécule de maïs et 15 ml (1 c. à soupe) de zestes de citron. Cuire au micro-ondes de 5 à 6 minutes. Répartir sur la pâte, puis couvrir avec le reste de la première préparation. Cuire au four de 25 à 30 minutes à 180 °C (350 °F). Laisser tiédir, puis couper en carrés.

**1** Chapelure de biscuits au chocolat
310 ml (1 ¼ tasse)

**2** Fromage à la crème
ramolli
2 paquets de 250 g
chacun

**3** Citron
30 ml (2 c. à soupe)
de zestes

**4** 1 œuf

**5** 2 pommes Cortland
coupées en dés

**PRÉVOIR AUSSI :**
➤ **Sucre**
80 ml (⅓ de tasse)
➤ **Beurre** fondu
60 ml (¼ de tasse)

# Tarte au fromage et pommes

Préparation : **15 minutes** • Cuisson : **45 minutes** • Quantité : **de 4 à 6 portions**

## Préparation

Préchauffer le four à 190 °C (375 °F).

Dans un bol, mélanger la chapelure de biscuits avec 30 ml (2 c. à soupe) de sucre et le beurre.

Répartir dans le fond d'un moule à charnière de 20 cm (9 po) et presser avec le dos d'une cuillère pour uniformiser. Cuire au four 10 minutes.

Retirer du four et laisser tiédir. Laisser le four allumé.

Dans un bol, mélanger le fromage à la crème avec les zestes, l'œuf, les dés de pommes et le reste du sucre.

Verser la préparation au fromage dans le moule. Égaliser et cuire au four de 35 à 40 minutes.

Retirer du four et laisser tiédir, puis réfrigérer jusqu'au moment de servir.

| PAR PORTION | |
|---|---|
| Calories | 541 |
| Protéines | 8 g |
| Matières grasses | 40 g |
| Glucides | 39 g |
| Fibres | 2 g |
| Fer | 1 mg |
| Calcium | 96 mg |
| Sodium | 413 mg |

## Idée pour accompagner

### Coulis de bleuets

Dans le contenant du mélangeur, réduire en purée 500 ml (2 tasses) de bleuets surgelés décongelés avec 30 ml (2 c. à soupe) de sirop d'érable.

**Crème à cuisson 35 %** ①
430 ml (1 ¾ tasse)

**Chocolat mi-sucré** ②
430 g

**Noisettes** ③
hachées
80 ml (⅓ de tasse)

**Préparation pour gâteau à la vanille** ④
du commerce
1 boîte de 515 g

**Café soluble** ⑤
15 ml (1 c. à soupe)

**PRÉVOIR AUSSI :**
➤ **Beurre**
coupé en dés
60 ml (¼ de tasse)

# Bûche de Noël moka aux noisettes

Préparation : **15 minutes** • Cuisson : **12 minutes** • Réfrigération : **3 heures** • Quantité : **8 portions**

## Préparation

Chauffer la crème à feu doux-moyen jusqu'aux premiers frémissements.

Hors du feu, incorporer le chocolat jusqu'à ce qu'il soit fondu. Incorporer le beurre.

Diviser la préparation en deux. Dans l'une des parts, ajouter les noisettes et, si désiré, les zestes. Réfrigérer les deux parts 1 heure.

Préparer le gâteau avec le café soluble selon les indications de l'emballage. Préchauffer le four à 190 °C (375 °F).

Étaler la pâte sur une plaque de cuisson de 38 cm x 25 cm (15 po x 10 po) tapissée de papier parchemin. Cuire au four de 12 à 15 minutes.

Déposer le gâteau et le papier parchemin sur un linge humide. Rouler le gâteau dans le papier. Laisser tiédir.

Dérouler le gâteau et retirer le papier. Étaler la ganache aux noisettes sur le gâteau. Rouler le gâteau et couper les extrémités. Glacer le gâteau avec l'autre part de ganache. Réfrigérer 2 heures.

Si désiré, décorer avec des bonbons au moment de servir.

| PAR PORTION | |
|---|---|
| Calories | 750 |
| Protéines | 7 g |
| Matières grasses | 50 g |
| Glucides | 79 g |
| Fibres | 4 g |
| Fer | 3 mg |
| Calcium | 167 mg |
| Sodium | 426 mg |

## Version maison

### Gâteau moka

Mélanger 250 ml (1 tasse) de farine avec 15 ml (1 c. à soupe) de café soluble et 5 ml (1 c. à thé) de poudre à pâte. À l'aide du batteur électrique, fouetter 4 œufs avec 250 ml (1 tasse) de sucre et 2,5 ml (½ c. à thé) de vanille de 4 à 5 minutes. Incorporer les ingrédients secs et 45 ml (3 c. à soupe) de beurre fondu. Cuire selon les indications de la recette ci-dessus.

**FACULTATIF :**
➤ **Orange**
30 ml (2 c. à soupe)
de zestes

➤ **Bonbons de Noël à la menthe**
au goût

**1 fond de tarte** ①
du commerce

**Beurre** ②
60 ml (¼ de tasse)

**Cassonade** ③
500 ml (2 tasses)

**Farine** ④
90 ml (6 c. à soupe)

**Lait** ⑤
375 ml (1 ½ tasse)

# Tarte au sucre

Préparation : **10 minutes** • Cuisson : **20 minutes** • Réfrigération : **30 minutes**
Quantité : **de 4 à 6 portions**

## Préparation

Préchauffer le four à 205 °C (400 °F).

Cuire le fond de tarte au four de 20 à 25 minutes, jusqu'à ce que la croûte soit dorée, ou selon les indications sur l'emballage.

Dans une casserole, faire fondre le beurre à feu moyen. Incorporer la cassonade et la farine. Laisser caraméliser, puis incorporer le lait en une seule fois. Cuire en fouettant jusqu'à épaississement.

Retirer du feu et laisser tiédir.

Verser dans la croûte à tarte. Réfrigérer de 30 à 45 minutes avant de servir.

| PAR PORTION | |
|---|---|
| Calories | 566 |
| Protéines | 6 g |
| Matières grasses | 22 g |
| Glucides | 85 g |
| Fibres | 1 g |
| Fer | 1 mg |
| Calcium | 135 mg |
| Sodium | 282 mg |

## Version maison

### Pâte à tarte

Mélanger 250 ml (1 tasse) de farine avec 80 ml (⅓ de tasse) de graisse végétale (de type Crisco) et 2 pincées de sel jusqu'à l'obtention d'une préparation granuleuse. Ajouter 30 ml (2 c. à soupe) d'eau très froide et mélanger jusqu'à l'obtention d'une boule de pâte. Abaisser la pâte sur une surface farinée, puis la déposer dans une assiette à tarte de 20 cm (8 po) de diamètre. Piquer le fond de la croûte à l'aide d'une fourchette. Couvrir d'une feuille de papier d'aluminium et remplir l'assiette de haricots secs. Cuire au four de 20 à 25 minutes, jusqu'à ce que la croûte soit dorée. Retirer les haricots et le papier d'aluminium. Laisser tiédir sur une grille.

Recette de Éva Bérubé

**20 doigts de dame** ①

**Liqueur d'agrumes** ②
de type Grand Marnier
ou rhum
45 ml (3 c. à soupe)

**Sucre** ③
80 ml (⅓ de tasse)

**Chocolat noir 70 %** ④
150 g

**4 œufs** ⑤
blancs et jaunes
séparés

# Petites charlottes au chocolat

Préparation : **15 minutes** • Réfrigération : **1 heure** • Quantité : **4 portions**

## Préparation

Couper les doigts de dame en deux sur la longueur.

Dans un bol, mélanger la liqueur d'agrumes avec 125 ml (½ tasse) d'eau et 15 ml (1 c. à soupe) de sucre.

Faire fondre le chocolat dans un bain-marie. Retirer du feu et laisser tiédir.

Dans un autre bol, fouetter les jaunes d'œufs avec le reste du sucre jusqu'à ce que le mélange pâlisse. Ajouter le chocolat et remuer.

À l'aide du batteur électrique, fouetter les blancs d'œufs à vitesse élevée jusqu'à l'obtention de pics fermes. Incorporer au chocolat en pliant délicatement la préparation à l'aide d'une spatule.

Tremper rapidement les biscuits dans le mélange à la liqueur d'agrumes. Au fur et à mesure, tapisser les parois de quatre ramequins de 10 cm (4 po) avec les biscuits.

Répartir la préparation au chocolat dans les ramequins et réfrigérer de 1 à 2 heures. Démouler au moment de servir.

| PAR PORTION | |
|---|---|
| Calories | 680 |
| Protéines | 17 g |
| Matières grasses | 27 g |
| Glucides | 86 g |
| Fibres | 5 g |
| Fer | 9 mg |
| Calcium | 90 mg |
| Sodium | 214 mg |

## Idée pour accompagner

### Crème anglaise à l'érable

Dans une casserole, fouetter 3 jaunes d'œufs avec 60 ml (¼ de tasse) de sirop d'érable. Incorporer 250 ml (1 tasse) de lait bouillant. Cuire en remuant jusqu'à ce que le thermomètre à cuisson indique 82 °C (180 °F). Filtrer la crème à l'aide d'une passoire fine. Laisser tiédir, puis réfrigérer de 1 à 2 heures avant de servir.

**Chapelure de biscuits Graham**
250 ml (1 tasse)

① 

**Crème à cuisson 35 %**
250 ml (1 tasse)

② 

**Chocolat noir 70 %**
350 g

③ 

**Tartinade à la guimauve**
de type Fluff
250 ml (1 tasse)

④ 

**Guimauves miniatures**
750 ml (3 tasses)

⑤ 

**PRÉVOIR AUSSI :**
➤ **Sucre**
45 ml (3 c. à soupe)

➤ **Beurre**
ramolli
110 ml (⅓ de tasse
+ 2 c. à soupe)

# Carrés s'more

Préparation : **15 minutes** • Cuisson : **10 minutes** • Réfrigération : **2 heures** • Quantité : **16 carrés**

## Préparation

Préchauffer le four à 180 °C (350 °F).

Dans un bol, mélanger la chapelure de biscuits avec le sucre et 30 ml (2 c. à soupe) de beurre. Tapisser un moule carré de 20 cm (8 po) d'une feuille de papier parchemin, puis y presser la préparation. Cuire au four de 10 à 12 minutes.

Pendant ce temps, verser la crème dans une casserole et porter à ébullition à feu moyen. Retirer du feu. Ajouter le chocolat et remuer jusqu'à ce qu'il soit fondu. Incorporer le reste du beurre.

Répartir le chocolat sur la croûte. Réfrigérer de 2 à 3 heures.

Couvrir la garniture au chocolat de tartinade à la guimauve et de guimauves miniatures. Faire dorer au four de 1 à 2 minutes à la position « gril » (*broil*).

Couper en 16 carrés.

| PAR PORTION | |
|---|---|
| Calories | 309 |
| Protéines | 3 g |
| Matières grasses | 20 g |
| Glucides | 30 g |
| Fibres | 3 g |
| Fer | 3 mg |
| Calcium | 30 mg |
| Sodium | 111 mg |

## Pour varier

### Coupelles s'more

Répartir 1 banane tranchée, 200 g de chocolat aux amandes coupé en morceaux, 8 grosses guimauves et 6 biscuits Graham coupés en morceaux dans huit petits moules en aluminium. Faire griller au four à la position « gril » (*broil*).

**Cassonade** ①
500 ml (2 tasses)

**Beurre** ②
75 ml (5 c. à soupe)

**Crème à cuisson 35 %** ③
250 ml (1 tasse)

**Vanille** ④
5 ml (1 c. à thé)

**Sucre en poudre** ⑤
tamisé
375 ml (1 ½ tasse)

# Sucre à la crème fondant

Préparation : **15 minutes** • Cuisson : **5 minutes** • Quantité : **36 carrés de 2,5 cm (1 po)**

## Préparation

Dans une casserole, mélanger tous les ingrédients, à l'exception du sucre. Laisser bouillir de 5 à 6 minutes en remuant constamment.

Incorporer le sucre en poudre. Bien remuer.

Beurrer un moule carré de 20 cm (8 po), puis y verser la préparation. Laisser tiédir.

Couper en 36 carrés.

## Pour varier

### Sucre à la crème aux pacanes

Beurrer un moule carré de 20 cm (8 po), puis le tapisser de papier parchemin. Dans une casserole, mélanger 250 ml (1 tasse) de crème à cuisson 35 % avec 250 ml (1 tasse) de cassonade, 250 ml (1 tasse) de sucre, 30 ml (2 c. à soupe) de sirop de maïs et 80 ml (⅓ de tasse) de sirop d'érable. Porter à ébullition, puis laisser mijoter à feu doux-moyen sans remuer jusqu'à ce que le thermomètre à bonbon atteigne une température de 112°C (234°F). Laisser tiédir sans remuer de 20 à 25 minutes, jusqu'à ce que la température atteigne 43°C (110°F). À l'aide du batteur électrique, fouetter de 2 à 3 minutes à vitesse élevée, jusqu'à ce que le mélange perde son aspect lustré. Incorporer 125 ml (½ tasse) de pacanes hachées. Transvider immédiatement dans un moule et égaliser la surface. Laisser refroidir au réfrigérateur 30 minutes.

| PAR PORTION | |
|---|---|
| Calories | 87 |
| Protéines | 0,2 g |
| Matières grasses | 4 g |
| Glucides | 13 g |
| Fibres | 0 g |
| Fer | 0,1 mg |
| Calcium | 12 mg |
| Sodium | 17 mg |

Recette de Marie-Paule Raillargeon

**1 orange** ❶

**Sucre** ❷
125 ml (½ tasse)

**Lait concentré sucré** ❸
1 boîte de 300 ml

**Chocolat noir 70 %** ❹
4 tablettes de 100 g
chacune

**Pistaches** ❺
hachées
60 ml (¼ de tasse)

**PRÉVOIR AUSSI :**
➤ **Vanille**
de 3 à 4 gouttes

# Carrés de fudge à l'orange et aux pistaches

Préparation : **15 minutes** • Réfrigération : **2 heures** • Quantité : **36 portions**

## Préparation

Prélever le zeste de l'orange de manière à former de fines lanières.

Au-dessus d'une casserole, presser le jus de l'orange. Incorporer le sucre, puis porter à ébullition. Ajouter les lanières et laisser mijoter à feu doux de 8 à 10 minutes, jusqu'à l'obtention d'un mélange sirupeux.

Dans une autre casserole, porter à ébullition le lait concentré. Retirer du feu et ajouter le chocolat. Remuer jusqu'à ce qu'il soit fondu.

Incorporer les pistaches, la vanille et 15 ml (1 c. à soupe) de zestes d'orange confits.

Verser la préparation dans un moule carré de 20 cm (8 po). Égaliser la surface et laisser tiédir.

Réfrigérer de 2 à 3 heures.

Couper en 36 carrés. Garnir avec le reste des zestes d'orange confits.

| PAR PORTION | |
|---|---|
| Calories | 114 |
| Protéines | 2 g |
| Matières grasses | 5 g |
| Glucides | 15 g |
| Fibres | 1 g |
| Fer | 2 mg |
| Calcium | 43 mg |
| Sodium | 24 mg |

## Pour varier

### Fudge au citron et noix de pin

Dans une casserole, porter à ébullition 375 ml (1 ½ tasse) de lait concentré sucré. Incorporer 450 g de chocolat mi-sucré et le zeste de 1 citron. Cuire 5 minutes en remuant, jusqu'à ce que le chocolat soit fondu. Incorporer de 3 à 5 gouttes de vanille et 180 ml (¾ de tasse) de noix de pin. Tapisser de papier parchemin un moule carré de 20 cm (8 po). Verser la préparation dans le moule. Laisser figer au frais pour un minimum de 8 heures. Tailler en 16 carrés.

**Crème à cuisson 35 %**
500 ml (2 tasses) **①**

**Chocolat noir 70 %** **②**
100 g

**Œufs** **③**
6 jaunes

**Sucre** **④**
125 ml (½ tasse)

**Cassonade** **⑤**
60 ml (¼ de tasse)

**PRÉVOIR AUSSI :**
➤ **Vanille**
de 2 à 3 gouttes

### Duo de crèmes brûlées

# Crème brûlée au chocolat

Préparation : **15 minutes** • Cuisson : **30 minutes** • Réfrigération : **2 heures**
Quantité : **8 portions**

## Préparation

Préchauffer le four à 180 °C (350 °F).

Dans une casserole, chauffer la crème avec la vanille jusqu'aux premiers frémissements, sans faire bouillir. Retirer du feu.

Ajouter le chocolat et remuer jusqu'à ce qu'il soit fondu.

Dans un bol, fouetter les jaunes d'œufs avec le sucre jusqu'à ce que le mélange blanchisse. Incorporer graduellement la crème chocolatée en fouettant.

Répartir la préparation dans huit ramequins. Déposer les ramequins dans un plat creux allant au four. Verser de l'eau dans le plat jusqu'à mi-hauteur des ramequins. Cuire au four de 30 à 35 minutes, jusqu'à ce que le centre des crèmes soit pris.

Laisser tiédir, puis couvrir et réfrigérer de 2 à 3 heures.

Au moment de servir, saupoudrer de cassonade. Faire caraméliser les crèmes sous le gril du four ou au moyen d'un chalumeau.

## Les inséparables

### Crème brûlée à l'érable

Dans une casserole, chauffer 500 ml (2 tasses) de crème à cuisson 35 % jusqu'aux premiers frémissements, sans faire bouillir. Dans un bol, fouetter 6 jaunes d'œufs avec 125 ml (½ tasse) de sirop d'érable jusqu'à l'obtention d'un mélange homogène. Incorporer graduellement la crème en fouettant. Répartir la préparation dans huit ramequins. Déposer les ramequins dans un plat creux allant au four. Verser de l'eau dans le plat jusqu'à mi-hauteur des ramequins. Cuire au four de 30 à 35 minutes à 180 °C (350 °F), jusqu'à ce que le centre des crèmes soit pris. Couvrir et réfrigérer de 2 à 3 heures. Au moment de servir, saupoudrer de 60 ml (¼ de tasse) de sucre. Faire caraméliser les crèmes au four à la position « gril » (*broil*) ou au moyen d'un chalumeau.

| PAR PORTION | |
| --- | --- |
| Calories | 387 |
| Protéines | 4 g |
| Matières grasses | 30 g |
| Glucides | 26 g |
| Fibres | 1 g |
| Fer | 2 mg |
| Calcium | 69 mg |
| Sodium | 40 mg |

# Index des recettes

Une réalisation de

Éditeur de